관계형성이론
심리상담

관계형성이론 심리상담

발행일	2021년 12월 24일			

지은이	임향빈			
펴낸이	손형국			
펴낸곳	(주)북랩			
편집인	선일영	편집	정두철, 배진용, 김현아, 박준, 장하영
디자인	이현수, 한수희, 허지혜, 안유경	제작	박기성, 황동현, 구성우, 권태련
마케팅	김회란, 박진관			
출판등록	2004. 12. 1(제2012-000051호)			
주소	서울특별시 금천구 가산디지털 1로 168, 우림라이온스밸리 B동 B113~114호, C동 B101호			
홈페이지	www.book.co.kr			
전화번호	(02)2026-5777	팩스	(02)2026-5747

ISBN 979-11-6836-105-8 93180 (종이책)   979-11-6836-106-5 95180 (전자책)

(주)북랩 성공출판의 파트너

북랩 홈페이지와 패밀리 사이트에서 다양한 출판 솔루션을 만나 보세요!

홈페이지 book.co.kr   •   **블로그** blog.naver.com/essaybook   •   **출판문의** book@book.co.kr

작가 연락처 문의 ▸ ask.book.co.kr

작가 연락처는 개인정보이므로 북랩에서 알려드릴 수 없습니다.

관계형성이론
심리상담

임향빈 지음

북랩 book Lab

머리말

집안에 쌓인 먼지를 사회에 나와 털어버리기 때문에 사회가 오염된다. 가정이 안정되면 사회가 안정되고 국가가 안정된다. 한 사람의 문제는 그 사람만의 문제가 아니고 가족의 문제를 표출하는 것이며, 그가 사는 사회에 영향을 미칠 수밖에 없다.

우리가 사는 사회는 경제성장으로 인하여 과거에 비해 물질적 풍요를 누리고 있으나 사회적 부적응 또는 이탈로 인해 상대적 박탈감을 느끼는 사람들도 있다. 이와 함께 우리는 언론보도나 이웃을 통해 우울증, 양극성장애, 분노조절장애, 조현병 등 심리적·정서적·정신적 어려움을 호소하는 사람들이 증가하고 있음을 알 수 있다. 이에 대한 대안으로 언론이나 민간에서는 삶의 질 향상을 위한 복지 및 심리상담의 요구와 관심이 점차 높아지고 있으며, 사회안전망 구축과 예방적 차원에서 전문상담의 필요성에 대해 이야기하고 있다. 이는 현실을 직시한 바람직한 대안으로 보인다. 심리상담은 내담자의 긍정적 변화와 치유를 가능하게 하며, 병리현상을 예방하는 기능도 하기 때문이다.

이와 함께 마음의 병으로 인하여 삶의 질이 떨어지는 사람들이 많으며, 심리상담을 원하는 사람들이 점차 증가하고 있다. 이들의 다수는 문제 해결을 위하여 노력을 하다가 개선이 안 되어 상담을 받으러 오게 된다. 이러한 수요에 의하여 상담기관이나 상담사도 늘어나고 있으나 검증되지 않은 상담사의 증가로 인하여 부작용도 나타나고 있다. 이들에게 상담을 받은 내담자는 상담에 대한 욕구를 충족하지 못하게 되며, 심리상담에 대하여 부정적인 반응을 보이기도 한다.

따라서 상담사가 되기 위해서는 공신력이 있는 전문가 밑에서 일정 기간 수련 과정을 통하여 자격을 취득한 이후 상담에 임하여야 한다. 상담사의 기법사용은 이론적 모형과 밀접한 관련이 있으며, 적용하는 근거를 갖고 있어야 하며, 적합한 사용에 관해 훈련을 받아야 한다. 즉, 이론적 배경이 없는 임상경험은 사상누각(砂上樓閣)에 불과하기 때문이다.

씨실과 날실이 겹쳐 아름다운 천을 만들어 내듯이 하나의 이론이 나오기까지의 기저에는 다양한 이론의 융해와 임상경험을 거치게 되며 필요에 의해 만들어진다. 특히 심리상담에서의 이론들은 인간발달을 이해하는 데 기여를 하며, 지도와 같은 역할을 한다. 좋은 지도는 건물의 설계도와 같이 세부적인 과정을 안내해 주기도 하고, 어두운 밤에 가로등같이 길을 헤매지 않도록 방향을 제시한다. 또한 일정한 시간 내에 안전하게 목표에 도달하도록 만든다.

필자는 임상 경험에서 우리 정서와 실정에 맞는 이론이 부족하다는 것을 느꼈으며, 이에 대한 아쉬움과 많은 생각을 하게 되었다. 이러한 생각 끝에 창안하게 된 관계형성이론이 상담을 배우고자 하는 후학이나 임상현장에 있는 상담사의 역량강화를 위하여 활용되기를 바라며, 좋은 지도와 같은 역할을 하였으면 좋겠다.

이 책은 관계형성이론을 체계적으로 이해하고 적용할 수 있도록 하기 위해서 세부적인 방법에 대해 설명하고 있다. 1부, 2부로 나누어져 있으며 1부에서는 관계형성이론의 이해에 관해서 다루고 있고, 2부에서는 관계형성이론 심리상담의 실제를 다루고 있다.

1부는 1장 관계형성이론 개관, 2장 관계형성이론 상담의 구조화로 구성되어 있으며, 주요 치유적 활동 및 요소에 대하여 기술하였다.

2부는 부부상담 5회기 사례 하나와 개인상담 27회기 사례 하나로 구성되어 있다. 각 사례별로 내담자의 변화과정을 보게 될 것이며, 관계형성이론 심리상담의 시작부터 종결까지의 과정에 관하여 이해를 돕고자 하였다.

끝으로 이 책에서 제시하고 있는 이론적 지식과 기법은 임상 지식에 목말라 하고 있는 사람들에게 단비가 되어 갈증을 풀어주는 역할을 하였으면 좋겠다. 이와 함께 필자의 노력이 이 땅에 뿌리를 내리고, 관계형성이론의 나무가 되어 열매를 맺고, 그 열매를 통하여 상담사로서 갖추어야 할 자질을 갖추고, 심리상담에 대한 욕구를 해소하는 데 이바지하기를 바란다.

목차

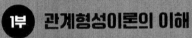

관계형성이론
심리상담

1부

관계형성이론의
이해

1장
관계형성이론 개관

　사람은 만남으로 인하여 성장한다. 그러나 누구를 만나는가에 따라 긍정적인 성장 또는 부정적인 성장을 하게 된다. 원치 않는 대상과의 만남으로 인한 부정적인 경험은 무의식에 고착되어 미해결과제로 남아 역기능적 심리현상을 일으키는 요인이 된다. 그러나 올바른 대상을 만나 관계형성이 잘되면 부당한 대상에 의해서 고착된 심리현상을 바르게 형성해 준다. 즉, 부정적인 사고가 긍정적 사고로 변화되고, 심리적 성장을 하게 됨으로써 삶의 질 향상을 가져온다.

　관계형성이론은 필자(임향빈)에 의해 창안된 이론이다. 관계형성이란 관계와 형성이 결합한 용어로서 개인의 내적 정신세계와 외적 세계의 삶에 자각과 통찰을 통하여 긍정적 변화가 나타나도록 영향을 미친 인물을 의미한다. 관계는 둘 이상의 사람, 현상, 사물 등이 어떤 방면이나 영역에 서로 관련을 맺거나 관련이 있는 것이다. 씨실과 날실이 엮이어 다양한 천을 만들어 내듯이 인간의 관계도 만나는 대상에 따라 그 모양과 모습이 다르게 표출되는데 이것이 관계의 영향이다. 따라서 누구를 만나는 가에 따라 긍정적 표상 또는 부정적인 표상으로 자리를 잡게 된다.

　관계는 주체 또는 자기에게 심리적 중요성을 가진다. 주체의 마음속에 존재하는 관계는 내적대상이며, 이는 때때로 관계표상이라 불린다. 모든 외부현상은 마음속에서 표상되며, 내적 관계표상이란 주체에 의해 형성된 관계의 다양한 속성들로 신체적, 지적, 정서적 혼합물이다.

형성이란 강화를 받은 모든 행동이 모이게 되면 바람직한 행동을 이루도록 하는 것을 말한다. 행동의 형성이란 상담사가 원하는 방향 안에서 일어나는 다양한 반응들만을 강화하므로 원하는 방향의 행동을 습득하도록 하고, 원하지 않는 방향의 행동에 대하여는 전혀 강화를 받지 못하도록 하여 결국 원하는 방향의 행동을 할 수 있도록 하는 것을 가리킨다. 여기서 의미하는 관계형성은 심리적·정서적·정신적 어려움을 표출하는 내담자의 미해결과제를 해소하여 보다 더 나은 성숙한 삶의 실현에 영향을 미친 상담사 또는 중요인물을 의미한다.

포도나무의 씨를 뿌리면 포도나무의 싹이 돋아나는 것과 같이 생각이라는 씨를 뿌리면 행동이라는 싹이 돋아난다. 포도나무의 싹이 자라면 포도의 잎이 피어나고 그 피어난 포도나무 잎이, 우리에게 그 나무가 포도나무라는 것을 알게 한다. 사람도 역시 같은 행동을 반복하면 습관이 되고 이러한 습관이 고착되면 그 사람 특유의 습관의 나무가 된다. 포도나무가 성장하여 꽃을 피우는 것과 같이 습관의 나무가 성장하여 그 사람의 성격의 꽃을 피운다. 포도나무의 꽃이 지고 그 자리에 포도가 열리듯이, 습관이라고 하는 성격의 나무에 핀 꽃이 지고 열매를 맺으면 그 열매가 바로 그 사람의 운명이라는 것이다.

심리학은 인간의 정신병리와 성격발달 과정상의 관계를 연구하는 학문이고, 상담은 심리학에서 발굴한 이론이라는 자원을 이용하여 깨진 심리를 땜질하고 고장 난 부분을 수리하는 기술이다. 역기능적 인간의 심리는 어린 시절 성장기에 보여준 양육자의 병리적 행동에 근거한다. 아이의 마음의 병이 들게 하는 양육자의 잘못된 행동을 병원의 실체라고 한다. 병원의 실체는 아이의 심리적 성장에 나쁜 영향을 주는 양육자의 거친 행동과 멀쩡한 아이를 이상하게 보고, 이상한 말로 아이의 행동을 비판하는 양육자의 말속에 섞인 병리적 느낌이나 인상 때문에 아이가 혼돈을 일으키게 된다.

양육자는 자신의 언행 속에 그들이 양육하고 있는 아이들을 병들게 하는 병리적 독소가 내포하고 있다는 것을 인식하지 못한다. 그렇기 때문에 자신이 알지 못하는 사이에 아이들을 병들게 하는 언행을 일상적으로 행하게 된다. 양육자의 병리적 원인이 되는 자신의 병리현상인 마음의 틀을 설정하여 바라보게 되고, 아이가 하는 행동과 말을 못마땅하게 생각하며, 때로는 아이를 이중구속에 처하게 하기도 한다. 양육자의 언행이 아이를 위축시키고 절망하게 하고 의욕을 상실하게 하는 병리적 원인으로서 역할을 하게 된다. 양육자가 아이들에게 보여주는 태도와 편견은 그 양육자를 양육한 지금의 양육자에게 보여준 부당한 태도와 편견이다. 가정 내 양육방식은 대를 이어 내려오게 되며, 이를 학습된 후천적 유전이라고 한다. 어린 시절 성장과정에서 양육자의 양육방식이 훈습되어 성격, 성향, 가치관으로 자리 잡게 된다.

철수(가명)가 일행하고 식당에 갔는데 풋고추가 나왔다. 풋고추를 된장에 찍어 먹으려고 하는데 다른 사람들은 쌈장이나 고추장에 찍어 먹으려고 한다. 철수는 그 모습을 보고, 풋고추는 된장에 찍어 먹는 것이라고 하였다. 일행들은 기분이 안 좋아졌는데, 계속 된장에 찍어 먹어야 된다고 강요한다. 강요를 원치 않은 사람들은 "너나 잘하세요." 또는 "너와 함께 안 먹어." 하면서 자리에서 일어나게 되었다.

이야기의 내용을 되돌려보면, 철수가 풋고추를 된장에다 찍어먹게 된 것은 하루아침에 형성된 것이 아니다. 어린 시절부터 풋고추가 나오게 되면 양육자는 항상 된장에 찍어 먹었으며, 철수는 그것을 따라 하게 되었다. 철수는 성장과정에서 쌈장이나 고추장은 본 일이 없다. 이러한 일들이 지속적으로 반복되어 습관이 되고, 습관이 고착화되어 성격, 성향, 가치관으로 자리 잡게 된다. 즉, 양육자의 양육방식이 미치는 영향은 아이들의 사고와 행동 등 생활 전반에 미치게 된다. 이러한 영향은 아이가 성인이 되어 현재 만나고 관계하는 사람들에게 상황에 따라 긍정적 또는 부정적으로 표출하게 된다.

2장
관계형성이론 상담의 구조화

상담의 구조화는 초기에 형성되고, 상담의 관계를 바람직한 방향으로 이끌어가며, 내담자의 복리를 위한 상담의 골격이라는 점에서 중요하다. 그 구성은 면접, 초기상담, 중기상담, 종결상담으로 구분되어야 하며, 각 단계별 다루어야 할 내용들이 달라야 한다. 그러나 기관들의 상황에 따라 면접과 초기상담을 분리하지 않고 초기상담으로 진행하기도 한다.

I. 초기상담

1. 초기상담의 이해

상담사는 상담 초기에 자신의 교육적 배경, 경력, 상담과정 등에 관련된 사항을 상담 계약서에 진술해 둠으로써 형식적인 차원의 자기 노출을 한다. 또한 상담이 진행되는 회기 동안 내담자 문제와 관련하여 자신의 개인적인 정보를 자발적으로 드러낸다. 상담사의 자기 노출은 내담자의 변화를 촉진하는 데 매우 중요한 요소가 된다(Watkins, 1990). 초기상담의 초점을 수립하는 중요한 요소는 내담자의 삶에서 중요한 사건과 경험이 내담자의 증상과 최근 고통에 어떻게 연관되어 있는지를 알아내는 것으로 이는 감각이 발달된 상담사의 능력이다. 숙련된 상담사는 내담자의 언어사용과 정서적 각성 수준에 주의를 기울여 자신의 내적인 감각을 내담자에게 의미 있게 사용하는 능력을 가지고 있다. 이것은 상담사의 경험적 수용력과 인지기능에 대한 지식을 반영하는 의미로써 내담자와의 실제적인 경험과 상담사의 삶의 경험 그리고 상담사의 이론적 지식의 융합이다. 이러한 수용력은 초기치료 때 탄력적이고 민감한 방식으로 개입하게 한다(Elliott et al, 2005).

상담의 발전단계에서 중요한 과제는 상담의 시작단계에서 형성했던 좋은 상담관계를 유지하는 것과 내담자가 자신의 문제와 관심사를 탐색하고 명료화하고 규정하도록 도와줌으로써 상담과정을 진전시키는 것이다. 그러므로 이 단계에 가장 필요하고 효과적인 기술은 내담자에게 자기 자신에 대한 이해와 함께 내담자가 안고 있는 문제에 대한 이해를 증진시킬 수 있는 기술이다(노안영·송현종, 2007).

상담 초기에 상담사와 내담자는 서로에 대해 분석하게 된다. 초기 상담과정에서 내담자는 상담사를 분석하는데, 내가 가진 심리적·정서적·정신적 어려움 등을 치유하는데 도와줄 수 있는지, 나를 우호적으로 대하는지, 편견을 가지고 대하지는 않는지 등에 대해 관찰하게 된다. 또한 내담자는 상담사가 상담에서 한 말과 몸짓에 대하여, 왜 그때 그 시간에 그렇게 보여주었을까 하는 의구심을 갖게 되고, 이에 대해 스스로에게 자문자답을 한다. 이를 통하여 상담사에게 믿음과 신뢰를 갖기 어렵다고 판단되면 더 이상 상담의 관계를 이어나갈 수 없게 되며, 종결 또는 다음 회기의 진행에 부정적 영향을 미치게 된다.

상담사는 상담 과정 중 내담자의 첫인상과 자주 보이는 언어적, 비언어적 행동에 대해 관찰하고 탐색한다. 상담사는 상담의 진행과정에 대해 항상 인식하고 있어야 하며, 자각과 성찰이 일어나야 한다. 그리고 자신에게 '왜 그때 그 말을 그러한 방법으로 해야 했는가?' 또는 '무엇 때문에 그때 그 내담자는 내가 하는 그 말을 방해했을까?' 하고 스스로에게 물어보아야 하며, 상담과정에서 '말속의 말을 찾아야 한다.' 그 예로서 강박적 사고를 가진 내담자가 상담의 흐름을 가로막는 말을 계속해서 되풀이하고 있다면, 그때 그 내담자는 의식 또는 무의식적으로 상담사를 회피하려 하고 있다는 것을 인식할 수 있다. 그리고 다른 한편으로는 상담사 자신의 정서적 반응이 숨겨져 있는 내담자의 우울증을 인식하게 하는 데 도움이 될 것이다. 따라서 상담사는 내담자의 감정적 표현에 어떠한 반응을 보이고 있는가를 알아야 하고 그러한 내담자의 행동과 반응을 분석해서 이해하고 있어야 한다. 상담사가 내담자의 말이나 행동에 대한 의미를 정확하게 파악한다면, 상담사는 내담자와의 상호작용과 이해의 폭을 넓게 될 것이며, 내담자의 변화와 치유를 위해 한 걸음 더 다가가게 된 것이다. 그러나 초기상담에서 내담자는 상담사가 자신을 이해해줄 사람인지 확신할 수 없기 때문에 중요한 문제를 잘 드러내지 않는다. 내담자가 자유롭게 자신의 감정, 생각, 경험들을 드러낼 수 있도록 허용하고 경청, 지지, 공감하는 것은 상담의 중요한 측면으로서 어떤 사람들에게는 이것만으로도 변화가 되기도 한다.

2. 주요 치유적 활동 및 요소

1) 라포

라포(rapport)는 심리학 용어로 프랑스어이며, 일반적으로 상담 과정에서 상담사와 내담자의 신뢰관계의 기본이 되는 친밀도를 의미하며, 의사소통에서 상대방과 형성되는 친밀감 또는 신뢰관계를 말한다. 또한 라포는 공감대 형성, 친밀한 관계 또는 상호 신뢰관계 등으로 정의 내릴 수 있다. 즉, 서로의 가치관과 우선순위가 공유되었다는 사실을 발견했을 때 형성될 수 있는 일종의 유대감이 라포인 것이다.

상담사는 내담자가 신뢰할 수 있도록 치료 초기에 외모나 첫인상에 신경을 써야하며, 부드럽고 따스한 태도를 보여주어야 한다. 또한 전문가로써 전문성과 여유로움을 전달할 수 있으면 좋다. 이런 상담사의 모습이 내담자에게 느껴지고 전달될 때 내담자는 편안하게 자신을 드러내고 상담에 임하게 된다. 이를 통하여 내담자로 하여금 긍정적 변화가 나타나도록 조력해 준다(임향빈, 2018).

상담사는 내담자가 편안하게 문제를 이야기할 수 있도록 허용적이고, 신뢰로운 분위기를 조성하여야 한다. 즉, 내담자로 하여금 상담사가 자신의 말을 경청하고 있고, 문제를 이해하고 있음을 인식하도록 하는 것이 중요하다(권혜수, 2009). 치료에서 긍정적인 관계는 내담자에 대한 치료자의 영향력을 증가시키는 것으로 보인다. 치료관계는 심리치료에서 기본적으로 중요한 변인이며, 성과의 유형에 상당한 영향을 미친다. 치료자는 자신이 내담자에 반응하는 방식뿐만 아니라 내담자가 그에게 반응하는 방식에 대해서도 민감해야 한다. 좋은 치료관계는 내담자의 협조와 치료자의 잠재적인 긍정적 영향력 모두를 증가시킨다. 내담자가 치료자를 충분히 신뢰하게 될 때, 내담자는 이전에 드러내지 못했던 불편한 생각과 감정을 내놓을 수 있다. 이렇게 될 때 내담자는 자기의 부정적인 측면에 직면할 수 있고, 치료자의 언급, 제안, 그리고 설명을 개방적으로 받아들일 수 있게 된다(권석만 외역, 2006).

서로의 신뢰 관계를 의미하는 라포는 상담의 초기부터 종결까지 전체 과정에 형성되어야 한다. 이러한 상호작용은 정서적인 것이기에 상담사가 따뜻하고 신뢰감을 줄 수 있는 자연스럽고 편안한 능력을 갖추고 있을 때, 내담자를 더 빨리 이해하게 된다. 상담사 자신이 안정되어 있으며 내담자에게 관심을 보인다면, 내담자는 상담사에게 반응을 보이게 될 것이다. 라포가 형성되었다면 내담자는 자기 방식대로 상담사를 이해하게 되며, 상담사에게 자신의 마음을 숨기지 않고 상담사에 대한 내담자의 감정과 생각까지도 표현하게 된다. 상담과정에서 저항이 생겨도 서로에 대한 신뢰가 형성되어 있기 때문에 미해결과제로 남지 않고 쉽게 해결되기도 한다.

심리적인 갈등은 대인관계의 어려움에서 나타나는 경우가 많고, 믿음과 신뢰가 사라질 때 갈등의 폭은 더 클 수밖에 없다. 상담사와 내담자 각자가 서로 신뢰를 받는 경험은 내담자의 성장과 긍정적 변화에 중요한 요인이 된다. 따라서 초기상담에서 상담의 목표와 초점을 위하여 라포의 비중이 크며, 이를 위하여 상담사는 내담자와의 믿음과 신뢰를 형성하기 위해서 공감, 경청, 지지, 격려, 열린 질문 등 다양한 기법을 활용하여야 한다.

2) 가계도

(1) 가계도의 이해

가계도는 내담자 또는 그의 가족구성원과의 인터뷰를 통해 작성한다. 인터뷰 대상자의 진술이나 사진, 일기 등의 자료에 따라 3세대 이상의 다세대 가족구성원들을 표시하고 각 개인의 중요한 특징을 기술한다. 그리고 가족구성원들의 관계의 질을 관계상징으로 표시한다. 경우에 따라서는 개인의 특성과 그와 관련된 이야기, 중요한 관계 그리고 사건들을 기입한다(이남옥 외, 2016).

가계도가 가족치료 현장에서 활용되어온 역사를 더듬어보면, 1970년대 후반 Bowen이 가족구조를 분석하기 위한 도구로 가계도를 개발해 사용하기 시작한 시점으로 거슬러 올라가게 된다. 그 이후에는 Carter, McGoldrick과 Gerson 등이 Bowen의 모델을 발전시켜 가족들을 위해 일하는 전문가들이 용이하게 사용할 수 있도록 이를 표준화하는 작업을 지속적으로 시도해 왔다. 현재 사용되고 있는 표준화된 형태는 1980년대 초 가족치료와 가정의학계의 주요한 인물들로 구성된 가계도 작성위원회에 의해 이루어진 것이다(최연실·정영순, 2006).

가계도는 가족의 구조를 나타내는 지도와 같은 것이다. 일반적으로 3대 이상의 가족에 대한 수많은 정보들을 쉽게 보여준다. 가족구성원의 개인적인 특성은 물론 구성원들의 관계를 기호를 통해 표시할 수 있으며 관계망도 알 수 있다. 가계도는 가족구성원이 가족체계를 새로운 관점에서 볼 수 있도록 하며, 가족문제를 체계론적 관점에서 재해석할 수 있게 한다. 가계도를 통해 현재와 과거의 가족모습을 비교할 수 있으며, 가족 체계가 만들어 내는 역기능적인 구조를 설명할 수 있다.

가계도를 그리는 데 있어 두 가지 기호가 있다. 첫째, 가족구성원들과 구조를 나타내기 위한 기호이다. 이 기호는 가족에 대한 기본 정보들을 담고 있으며, 세로는 세대를 나타내고, 가로는 부부관계, 자녀관계 등을 나타낸다. 이와 함께 남자는 사각형, 여자는 동그라미로 표시하고, 내담자는 동그라미나 사각형 안에 작게 하나 더 그린다. 관계를 나타나기 위해 다양한 선들을 사용하며, 출생과 사망, 이혼, 별거, 동거, 학력, 직업, 건강, 성격 등 개인적 특징과 기본정보를 덧붙인다.

둘째, 가족구성원들의 상호관계를 나타내는 기호들이다. 이 기호는 내담자의 가족 내 관계를 알 수 있다. 필자는 내담자 가족의 관계망을 살펴볼 때 융해관계, 갈등관계, 단절관계, 융해와 갈등관계, 친밀한 관계, 원만한 관계, 소원관계로 표시한다. 융해관계는 가족구성원 간의 강한 연결과 의존 밀착, 갈등관계는 심각한 갈등상태, 단절관계는 끊어진 관계, 융해와 갈등관계는 밀착되어 의존하면서 갈등하는 관계, 친밀한 관계는 서로의 마음을 주고받을 정도로 가까운 사이, 원만한 관계는 마음을 주고받지는 않으나 관계가 나쁘지 않은 사이, 소원한 관계는 형식적인 관계로 원만한 관계와 단절관계의 중간 정도를 의미한다.

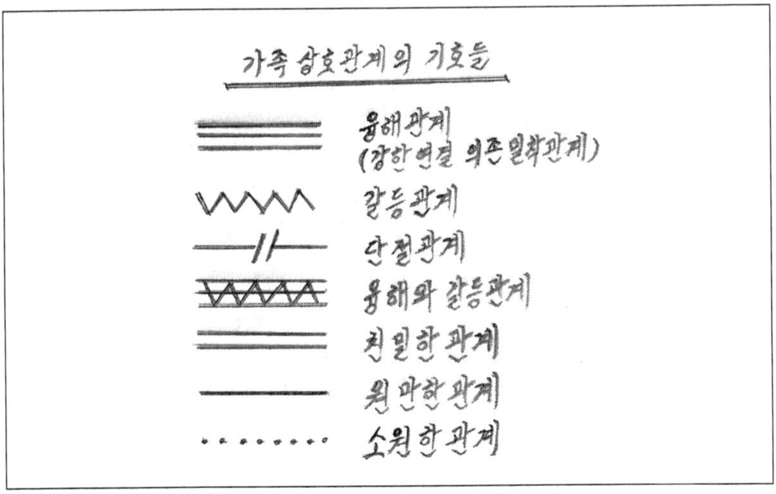

[그림 1] 가족 상호관계의 기호

가족치료와 심리상담에서 사용하는 가계도는 가족구성원에 관한 정보와 그들 간의 관계를 도표로 기록하는 방법이다. 가계도는 기호를 사용해서 가족의 기본구조, 가족상호 간의 관계를 알 수 있다. 일반적으로 상담 초기에 그리게 되며, 내담자를 둘러싼 관계의 흐름을 파악할 수 있어 상담에 유용하게 쓰이고 있다.

(2) 가계도를 통한 평가

가계도는 적어도 3세대 이상의 가족성원과 그들의 관계와 관련된 정보를 상징을 사용하여 기록하는 도표이다. 이러한 가계도를 활용함으로써 원조자는 가족구조를 포함한 복잡한 현재 가족유형의 전체적 형상을 파악할 수 있으며, 제시된 문제의 진화과정과 가족맥락 사이의 관련성 그리고 주요 타인의 영향력에 대한 정보를 파악할 수 있으며, 가족구조, 관계 그리고 기능적 측면을 수직적으로 그리고 수평적으로 평가할 수 있게 된다. 가계도에 포함되어야 할 정보로는 가족구조에 관한 정보, 가족성원의 사회인구학적 특성과 기능에 대한 정보, 가족의 주요사건, 가족관계의 속성 등이다(김동배·권중돈, 2000).

한 세대에서 일어난 일은 다음 세대에서도 되풀이된다. 현재의 문제행동이 핵가족의 상호작용에 의한 것인 것처럼 보이기도 하지만 문제는 여러 세대에 걸쳐서 나타나는 경향이 있다. 가계도에서는 이처럼 한 세대에서 다음 세대로 계속되거나 또는 변화하는 가족의 구조, 관계, 기능의 유형을 찾아볼 수 있다. 가계도에서 드러나는 역사와 관계유형은 문제를 규정하는 데 중요한 실마리를 제공한다(김유숙, 2005).

필자는 초기상담에서 내담자의 탐색을 위하여 가계도를 활용하며, 작성 전에 가계도의 이론적 근거를 설명하면서 시작한다. 가계도를 통해 가족배경이 현재의 문제에 어떻게 영향을 미쳤는지, 가족구성원의 기본적 정보(학력, 직업, 성격, 건강, 규칙, 특이사항 등), 가족의 기원에 관한 정보를 얻을 수 있는 효율적인 기법이라는 점을 내담자에게 알린다. 또한 내담자의 여러 세대를 살펴볼 수 있으며, 가족을 조망하고 분석하며, 내담자의 가족 내 상황과 위치, 관계망, 가족구성원들의 역할과 기능들에 대하여도 사정한다.

3) 과거탐색기법

(1) 과거탐색의 이해

모든 사람은 어린 시절 가족구성원에게 가졌던 태도를 다른 사람에게 되풀이하는 경향이 있다. 또한 그는 자신을 가족성원과 동일시하고 아동기 때 그에게 일어났던 일이 다른 사람, 흔히 배우자나 자녀들에게서 다시 일어나도록 만드는 경향이 있다. 아동기 감정양식의 지배는 항상 선택범위의 제한을 의미한다(이근후 외역, 1992).

환자의 중심역동을 탐색하는 동안 분석가는 환자가 자신의 사랑, 증오, 두려움, 야망, 좌절 그리고 이와 비슷한 여러 가지 점들을 이야기하는 것을 듣는다. 각 환자의 아동기 역동양식을 식별하는 것이 용이해지거나 어려워지거나, 성공 또는 실패하는 것은 역동에 대한 분석가의 지식과 경험 그리고 과거력을 수집하는 분석가의 기술에 달려 있다(Saul, 1972).

필자는 임상경험에 의해 내담자가 어린 시절 성장과정에서 양육자로부터 어떠한 경험과 훈습과정을 겪었는가에 따라 성격이나 성향, 가치관 형성에 크게 영향을 미치고 있다는 것을 알게 되었다. 또한 내담자가 현재 표출하고 있는 심리적·정서적·정신적 어려움은 과거의 경험과 연관되어 있으며, 변화와 치유를 위해서는 과거의 경험을 탐색하는 것이 필요하였다. 따라서 상담 장면에서 내담자의 과거경험을 자연스럽게 이끌어 내는 방법을 연구하다 과거탐색기법을 창안하게 되었다(임향빈, 2018). 과거탐색은 내담자의 성장과정이 현재의 성격, 성향, 가치관에 어떠한 영향을 미치었는지 알아보는 것이다. 탐색한 내용을 분석하고 이 과정에서 상담사와 내담자는 우호적 관계를 형성하게 된다. 내담자는 자신의 과거를 되돌아보고 이야기하게 되며 자각, 통찰 등을 하기도 한다. 상담사는 과거탐색을 통하여 내담자의 초기경험과 성장과정에 대해 살펴보고 현재의 핵심감정과 미해결과제에 어떠한 영향을 미치었는지 사정한다. 즉, 과거탐색은 내담자의 초기경험과 성장기 과정을 상담으로 이끌어 내기 위한 상담기법의 일환이다.

(2) 과거탐색의 장점

과거탐색기법은 개인상담, 부부상담, 가족상담, 집단상담, 청소년 상담 등에 활용할 수 있으며, 비자발적인 내담자, 저항이 심한 내담자, 냉소적 내담자, 침묵으로 일관하는 내담자 등에 효과가 크며 다음과 같은 장점이 있다(임향빈, 2018).

1. 내담자의 어린 시절 성장과정을 자연스럽게 이끌어 낸다.
2. 내담자의 무의식에 고착된 미해결과제를 살펴본다.
3. 내담자의 성장과정에서의 트라우마(trauma)를 살펴본다.
4. 내담자의 애착관계를 살펴본다.
5. 부부상담의 경우 배우자의 성장과정을 경청한다.
6. 가족구성원의 경우 각각의 성장과정과 생각의 차이점을 경청한다.
7. 부, 모, 형제, 자매 등 가족들과의 밀착, 애증 등 관계형성에 대해 사정한다.

8. 가계도와 함께 가족의 관계망을 탐색한다.

9. 과거의 경험이 현재에 어떠한 영향을 미치고 있는지 사정한다.

10. 비자발적 내담자의 참여를 이끌어 낸다.

11. 참여내담자들의 서로 다름을 인지한다.

12. 내담자가 상담에 호의적이며, 긍정적인 태도 변화가 나타난다.

13. 상담사와 내담자의 관계형성 및 신뢰를 형성한다.

예를 들면, 갈등이 심한 일부 부부들은 배우자의 이야기는 경청하지 않고, 여과 없는 거친 말투, 언성을 높이며 욕을 하거나, 냉소적 반응을 보이게 된다. 이와 더불어 자신이 하고 싶거나, 듣고 싶은 이야기만 하는 부부들도 있다. 이러한 내담자에게 과거탐색기법을 활용하면 자신의 성장과정을 이야기하면서 상담에 호의적으로 변하게 된다. 또한 배우자의 성장과정을 듣게 되고 이를 통하여 배우자의 성향, 성격 등을 이해하게 되고 자신과 다른 점을 자각하게 된다. 상담사는 내담자에게 "배우자의 성장과정에 대해 함께 살아오면서 들은 적이 있나요?"라고 질문을 한다. 내담자는 "들은 부분도 있고 안 들은 부분도 있다."고 한다. 상담사는 "부부가 전혀 대화를 안 하는 것 같았는데, 평소에 서로에 대해 많은 이야기를 하셨네요."라고 하면 부부는 수긍을 하면서 상담에 임하는 태도가 달라지기 시작한다.

과거탐색에서는 이전의 상담내용보다 더 많은 내담자의 정보를 얻을 수 있다. 여기서 상담사는 내담자의 과거탐색을 통하여 말속의 말을 찾고 질문을 잘해야 한다. 어떤 내담자는 어린 시절 경험하게 되는 가족,

부모, 친구 또는 학교생활 등에 대해 기억이 나지 않는다며 이야기를 안 하는 내담자들이 있다. 이러한 내담자는 성장과정에서 미해결과제 또는 트라우마(trauma)가 무의식에 자리 잡아 억압하고 있으며, 방어기제가 활성화되고 있다는 것을 알 수 있다.

(3) 과거탐색 기법의 활용

과거탐색기법은 들어가기, 되돌아오기, 질문하기로 나누어져 있으며, 세 가지를 함께 활용하여야 한다. 이 기법을 시연하다 보면 과거로 들어갈 때 만나는 사람과 현재로 되돌아올 때 만나는 사람들이 다르게 경험하는 사람도 있다. 또한 평상시 생각하지 않았던 일들이 떠오르기도 한다. 이는 눈을 감으면 무의식이 활성화되고 눈을 뜨면 의식이 활성화되기 때문이다. 기법사용 시 주의사항은 들어갈 때 시기별로 천천히 들어가고, 되돌아올 때 역시 천천히 현재까지 되돌아오게 하여야 한다. 들어갔다가 되돌아오기를 생략하거나 과거의 중간 도중에 눈을 뜨게 하였을 때 내담자로 하여금 정신적 어려움을 겪게 할 수도 있다. 따라서 상담에 활용할 때 들어가기, 되돌아오기, 질문하기를 순차적으로 적용하여야 한다(임향빈, 2018).

들어가기

여러분의 앞에는 커다란 수정구슬이 있습니다. 이 수정구슬은 나를 과거로 이끌어 줍니다.

수정구슬은 나를 일주일 전으로 이끌어 줍니다. (지나가는 과정 중에 다양한 사람들을 만나게 됩니다. 나는 누구와 함께 있으며 무엇을 하고 있는지, 분위기는 어떤지, 느낌이나 기분은 어떤지 생각하시기 바랍니다.)

수정구슬은 나를 보름 전으로 이끌어 줍니다. (지나가는 과정….)

수정구슬은 나를 한 달 전으로 이끌어 줍니다. (지나가는 과정….)

수정구슬은 나를 3개월 전으로 이끌어 줍니다. (지나가는 과정….)

수정구슬은 나를 6개월 전으로 이끌어 줍니다. (지나가는 과정….)

수정구슬은 나를 1년 전으로 이끌어 줍니다. (지나가는 과정….)

수정구슬은 나를 3년 전으로 이끌어 줍니다. (지나가는 과정….)…

대학 시절… 고등학교 시절… 중학교 시절… 초등학교 시절… 어린이집 시절… 기억할 수 있는 가장 어린 시절…

되돌아오기

이제 시간은 다시 되돌아오기 시작합니다. (올라오는 과정에서 헤어지기 싫은 사람하고는 작별의 인사를 하고 헤어지시기 바랍니다.)

어린이집 시절로 올라옵니다. (올라오는….)

초등학교… (올라오는….)

중학교… 고등학교… 대학교… …… 한 달 전… 보름 전…

일주일 전…

지금 이 시간으로 되돌아옵니다.

이제 눈을 뜨기 시작합니다.

과거탐색 들어가기와 나오기에서 주의할 점은 현재에서 과거로, 과거에서 현재로 순차적으로 진행하여야 한다. 예를 들어 5년 전으로 들어갑니다…. 10년 전으로 들어갑니다…. 대학교 시절… 고등학교 시절… 중학교 시절… 등으로 진행하여야 하는데, 대학교 시절… 중학교 시절… 고등학교 시절… 등으로 순서가 달라지면 내담자는 혼동이 오며, 과거탐색의 효과가 떨어지게 된다. 따라서 가계도를 그린 후 참고하면서 과거탐색을 하게 되면 순서가 바뀌는 실수를 하지 않게 된다.

질문하기

상담사: 과거 탐색은 잘하셨는지요. 기억할 수 있는 가장 어린 시절 초기 기억은 어떠한 것이 떠오르는지요.

내담자: …이 기억이 나는 것 같아요.

상담사: 그것은 몇 살 때 기억인지요.

내담자: … 살 때

상담사: 일반적으로 5살~6살 때 기억을 많이 하는 것 같아요. 사랑(가명) 님은 …살 때 기억을 하다니 기억력이 참 좋으시네요.(상황에 따라 적당한 언어를 활용한다.)

Ⅱ. 중기상담

1. 중기상담의 이해

상담의 중기단계는 초기단계가 끝날 무렵부터 상담의 목표가 어느 정도 달성되기까지의 전체과정을 말한다. 중기단계의 가장 큰 특징은 초기단계에서 설정된 상담 목표를 해결하기 위한 구체적인 상담 작업들이 행해진다는 데 있다. 즉, 초기단계에서 잡혀진 탄탄한 기틀을 바탕으로 내담자가 가진 문제에 대한 본격적인 해결 시도가 행해진다. 이런 의미에서 상담의 중기단계는 '문제해결 단계'라고도 부른다. 이는 상담의 핵심적 단계가 된다(이장호 외, 2008). 유능한 상담사는 내담자가 자신의 삶의 경험을 지속적으로 재구성하도록 돕는다. 재구성은 내담자의 저항을 감소시키며, 문제에 대해 다른 방식을 취할 수 있는 에너지를 유발시키는 작용을 한다(Cormier & Cormier, 1991).

심리치료의 중기가 시작되면서 상담사와 내담자는 치료과정이 어떤 것이며 치료를 통해 무엇을 성취하기를 원하는지에 대해 보다 명확히 알게 된다. 대부분의 경우에 치료자는 무엇을 해야 하는가에 대한 자신의 처음의 생각을 수정하거나 확인한다. 그리고 치료계획이 제대로 적용되는지를 검토하기 시작한다. 치료자의 역할과 활동 중 어떤 측면들은 남은 치료 기간 동안에도 계속 유지되고 지속될 것이다. 치료자는 계속해서 내담자에게 관심을 나타내고 주의 깊게 공감하는 경청자가 되어야 하며, 내담자의 특정한 활동과 절차를 더 많이 사용할 수도 있다. 치료자는 또한 정보제공, 역할연기, 인지적 재구조화, 이완, 숙제 할당, 그리고 유용한 것으로 보이는 다른 절차와 기법들도 사용하게 된다(권석만 외 역, 2006).

상담사는 내담자의 일상생활에서 중요한 사람들과의 관계에 관한 상호작용에 비중을 두고 상담에 임하게 된다. 이는 현재 일어나고 있는 문제(가족문제, 주변사람들과의 갈등, 직장에서 상사나 동료와의 어려움 등)들이 내담자의 원가족에서 경험되고 고착된 미해결과제가 무의식에 잠재하고 있다가 주변 상황에 의해서 의식으로 표출된 모습이기 때문이다. 다시 말하면 콩이 싹이 트고 자라기 위해서는 온도와 습기 그리고 토양 등의 조건이 맞아야 하듯이 갈등의 문제가 나타나기 위해서는 주변상황과 여건이 갈등의 조건에 적합해야 활성화된다. 따라서 내담자의 현재의 패턴(pattern)과 행동의 결과를 변화시키고 전반적인 적응에 기여하는 활동을 재구조화하도록 피드백을 해주어야 한다(임향빈, 2018).

상담사는 상담의 진행과정에 관하여 생각하고 초기에 가졌던 생각을 수정하거나 확인하여야 하며 경우에 따라서는 내담자의 요구에 따라 상담의 목표를 재수정 하는 등 능동적으로 대처해야만 한다. 즉, 내담자에게 관심을 보이고 경청하며, 공감하여 내담자의 감정과 관심사를 반영해 주어야 한다. 내담자는 초기상담에서 얻은 지식의 일부를 적용하고 자기에 대한 이해를 넓히기 시작한다. 이전에 제기되었던 점들을 확장하고 실제에서 검증하고, 질문하고, 수정한다. 상담의 중기는 치료의 비중이 크며 내담자의 변화에 있어서도 중요한 부분을 차지한다. 초기상담에서는 내담자에 대한 깊숙한 탐색이나 질문을 피할 수 있지만 중기에서는 내담자의 문제를 더 잘 이해하게 되고 관계가 더 발전되었다고 생각할 때까지 깊이 있는 탐색이나 질문을 하게 된다. 상담사는 이전에 다가가기 힘들었던 내담자의 신념, 지각, 행동들을 언급할 수 있으며, 내담자는 그러한 것들에 직면하게 되고 이전의 치료에서보다 상담사와 내담자는 더욱 적극적인 상호교류가 일어난다(임향빈, 2018).

상담사는 내담자를 불안정하게 만들고 염려했던 사고나 행동방식에 대해 더 깊이 이해하게 된다. 감정을 반영하는 빈도가 점차로 줄어들고, 내담자의 인지나 기대에 대해 초점을 두고 그에 대한 이야기를 더욱 많이 하게 된다. 상담사는 내담자를 탐색하면서 말로 표현되지 않는 사고와 이와 연결되거나 파생된 것으로 보이는 정서 및 행동 간의 연결과 결합에 주목할 수 있다. 내담자의 성향과 부정적인 결과를 변화시키고자 할 때, 일차적으로 내담자가 가지고 있는 관련성을 지적하는 것이 중요하다(임향빈, 2020). 중기상담에서 상담사는 내담자의 정신역동을 일으키는 미해결과제에 대하여 직면과 둔감화 기법을 사용하고 자각과 통찰을 유도한다. 이를 통하여 내담자는 자신을 되돌아보게 되고 현실을 직시하고 합리적 대안을 생각한다.

2. 주요 치유적 활동 및 요소

1) 아동기 감정양식

집에서 쌓인 먼지를 밖에서 털어버리기 때문에 사회가 오염된다. 인간은 관계 속에서 태어나고 성장하며, 다양한 경험을 한다. 아기의 최초의 경험은 시멘트를 막 발라놓은 것처럼 예민하다. 시멘트가 마르면 자국이 나지 않지만 처음 바를 때 누르면 영원히 자국이 남는다. 사람과의 관계 역시 마찬가지로 처음 만나는 사람과 원만한 의사소통으로 관계형성이 잘되면 서로의 만남으로 인하여 성장한다. 그러나 관계형성의 어려움이 있다면 서로의 마음의 상처를 남겨 그 후유증은 상대에 따라 오래 남게 된다(임향빈, 2014).

개인의 출생과 함께 시작되는 부모와의 관계 및 상호작용은 개인의 건강한 성장과 적응을 결정하는 중요한 요소로서 하나의 독립된 인격체로 성장할 때까지 그리고 그 이후의 삶에 많은 영향력을 행사한다. 즉, 부모로부터 적절한 보살핌을 받고 부모와 건강한 관계를 형성한 경우 건강한 성인으로 성장하지만, 그렇지 못한 경우 행동적, 인지적, 정서적으로 부적응 문제를 보일 가능성이 많다. 이러한 관점에서 보면 부모-자녀 관계의 심각한 왜곡을 초래하는 아동에 대한 학대는 양육환경의 심각한 실패를 의미하며, 성공적인 발달과업을 성취해 나갈 수 있는 아동의 능력이 도전 받게 되는 결과를 초래한다(조은정·이기학, 2004). 가족이라는 조직체는 정신으로 얽혀진 상호 관계적 유대 속에 다른 어떠한 조직체와도 비교가 되지 않는 강인한 응집력을 가지고 사회구성원을 성장시킨다. 건강하게 결속된 가족은 건강한 정신구조를 가지고 건강한 인간을 기르고 병약한 가족은 병리적인 집착과 원시적인 투사로 일관된 특성을 가지고 병약한 인간을 기른다(임종렬·김순천, 2001).

Freud의 역동개념은 부모에 대한 초기 양식이 성인 생활에서 타인에게 전이되고, 초기 6세까지가 중요하다는 것인데, 이러한 개념은 신경증이 갈등과 방어라는 그의 진술과 결합될 수 있으며 이러한 방식으로 이모든 개념들은 신경증과 여러 심인적 정신증의 핵심적 역동에 대한 간결하고 단일한 공식화로 압축될 수 있다. 이는 분석가가 환자를 이해하기위해서 그리고 치료의 근거로 사용하기 위해서 찾아내려고 하는 각 환자에 대한 공식화를 제공해 준다. 아동기양식 또는 핵심적인 감정적 결성은 어린이와 그에게 가장 중요한 인물과의 감정적 상호교류 양식이란의미로 우리가 사용해야 하는데, 이러한 아동기 양식은 특히 0-6세 사이에서 형성된다(Saul, 1971).

아동기의 잘못된 환경은 본능적 힘을 강화시킴으로써 약한 자아는 후기에 나타날 정신병리 즉, 핵심적 정신병리 없이는 본능적 힘을 조절할수 없게 된다. 말할 나위 없이 양식이란 고정된 구조가 아니라 어떤 평형상태에서의 역동적인 감정세력의 균형이다. 예를 들면, 어릴 때 어머니로부터 배척받았던 소녀는 일생 동안 배척받는다는 느낌을 갖게 되고, 그녀의 남편과 자녀들, 친구들이 아무리 그녀에게 헌신적이라 할지라도이러한 감정으로부터 유발된 분노를 계속 느끼게 될 것이다. 또 다른 예로는, 자신보다 나이가 많고 더 크고 강한 형이나 어머니, 아버지에 의해 고통받았던 남자는 일생 동안 지속되는 권위 상에 대한 두려움과 증오의 양식을 형성하게 된다. 그러므로 특히 6세 이전의 배척, 박탈, 과잉보호, 유혹, 죄의식, 수치감을 유도하는 정신적 취급이나 신체적 위협 및 학대 또는 이러한 점들의 혼합 그리고 또 다른 태만이나 과실에 의한 잘못된 양육방식이 신경증적 감정세력의 상호작용 양식을 만들고 이러한 감정양식은 일생 동안 계속되는데 어린이의 약한 자아는 이러한 양식을 이해하지 못하고 말로 표현하지 못한다(이근후 외역, 1999).

출생 당시부터 어린이는 선천적인 본능적 충동과 반응에 따라 그를 양육하고 그 곁에 가까이 있는 인물과 상호작용한다. 이러한 상호작용은 6-7세에 이르러 그 기초가 어느 정도 고정되는 양식을 만들어 내며, 이러한 상호작용은 개인에게 독특한 것이다. 어떤 두 개인도 동일한 기질이나 운동성, 지능, 기타 태도를 갖추고 태어나지 않는다(Fries & Woof, 1971). 어린 시절 정서적 방임을 경험한 내담자가 정신병리를 호소하는 경우 병리의 원인을 파악함에 있어 반응 중심 정서조절의 어려움을 간과해서는 안 된다. 즉, 치료적 시점에서 나타나는 정서적 반응의 문제를 탐색하고 내담자가 처한 상황에 적합한 정서조절 전략을 제시하는 것이 필요하다. 이러한 접근은 정신병리를 개선하는 데 도움이 될 것이다(김은정·김진숙, 2020). 이와 함께 아동기 외상과 공감 능력의 관련성을 추측해 볼 때, 아동기 외상 경험은 인지, 정서, 행동의 발달을 저해하고 외상 안에 갇혀 있게 만들기 때문에 타인의 조망을 이해하거나 감정에 반응하는 공감 능력을 약화시킬 것이며, 공감적 관계의 질도 떨어뜨릴 것으로 추측할 수 있다(김환·한수미, 2017).

외부에 있는 대상이 정신 내부에 합입되어 이미지로 각인된 상태를 내부대상이라고 칭하며 이미지로 각인된 내부대상은 무의식 세계의 자아와 합류하여 자기라는 심리조직을 형성한다. 아이가 성장하면서 양육자(어머니)를 통해 경험하게 되는 수많은 느낌들이 각기 하나의 표상을 만든다. 이러한 표상들이 한 인간의 정서를 총괄하는 무의식 세계를 구성한다. 표상의 세계에는 좋은 표상들만 있는 것이 아니고 좋지 않은 표상들도 동시에 존재한다. 그 이유는 아이를 대하는 어머니가 항상 아이로 하여금 좋은 느낌만을 가질 수 있는 반응을 보이지 않기 때문이다. 자기 내부에는 이렇듯 자기가 살아오면서 경험한 대상과의 느낌들이 자기의 느낌과 결합하여 하나의 쌍을 이루고 그것이 캡슐화 되어 저장되어 있다. 자아의 느낌 속에 이미지로 각인되어 있는 대상은 자기의 느낌들을 조절하는 일을 한다. 그리고 자기-대상표상의 기능과 그 기능에 의한 느낌들이 아이가 성장한 후에 다른 사람과의 인간관계에서 보여주는 성격 특성이 된다(임종렬, 2001).

따라서 한 개인의 감정양식은 어릴 때 성격이 형성되는 시기 동안에 만들어진다는 사실은 민속 속담과 철학자, 소설가, 시인들에 의해 오랫동안 알려져 왔다. 예를 들면 '세 살 버릇 여든까지 간다.', '될 성싶은 나무는 떡잎부터 알아본다.', '콩 심은 데 콩 나고, 팥 심은 데 팥 난다.' 등에서 이야기하듯이 어린 시절 성장과정과 성격의 연관성을 알 수 있다.

2) 마음의 틀

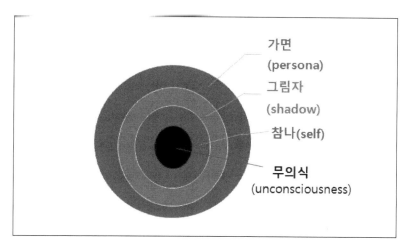

[그림 2] 마음의 틀

* 출처: 임향빈 (2018). 단기상담의 이해와 실제. 북랩. p. 75.

필자가 생각하는 마음의 내부는 몇 개의 틀로 싸여있는데 바깥 부분은 가면(persona)으로 둘러싸여 있다. 이는 타인에게 보이고 싶고, 불리어지고 싶은 욕구이다. 이를 벗기어 내면 그림자(shadow)가 나타나는데 타인에게 감추고 싶은 나의 욕망이나 치부이다. 다시 한 번 벗어 버리면 참나(self)가 나타난다. 인간의 마음속에는 이와 같이 '가면', '그림자', '참나의 틀'로 구성되어 있으며, 이와는 또 다른 영역인 '무의식(unconsciousness)'이 함께 자리 잡고 있다(임향빈, 2018).

(1) 가면

가면은 페르소나(persona)로써 원래 뜻은 고대 희랍 무대에서 배역들이 썼던 가면을 지칭하나, 오늘날엔 배우가 연기 생활을 하면서 맡았던 여러 배역의 인격이나 사람들에게 알려진 사생활의 요소를 가지고 개발한 자아상(自我像)을 말한다. 심리학 관점에서 페르소나는 타인에게 보이고 싶고, 불리어지고 싶은 나의 외형적인 모습이다(임향빈, 2018). 페르소나(persona)는 정신의 외면에 해당한다. 또한 세상을 향한 얼굴이다. 의식의 영역에 존재하며, 인간이 사회생활을 영위하면서 사회적 요구에 따라 적응해 가는 바깥으로 나타나는 외적 인격이다. 즉, 사회소속 집단에 의해 요구되는 태도, 생각, 행동규범 등 역할에 적응하는 것을 말한다(최왕규, 2014).

또한 페르소나는 사회생활에 필요한 것으로서 어린 시기부터 청소년기에 걸쳐서 형성되는데, 개인적 요인과 환경적 요인과의 상호작용에 의하여 형성된다. 즉 생래적으로 타고나는 유전적 요인과 부모의 양육태도 가치관 그 외 중요한 사람들의 가치관, 그들과의 관계 등을 통하여 형성된다. 사람은 외부적 환경과 관계를 설립하고 환경에 적응하는 과정에서 페르소나가 형성된다. 페르소나는 사람이 자신의 사회적 생활에 필요한 것이고 어린 시절부터 청소년기에 걸치는 단계에서 형성되는 것이다. 개인적 배경이나 다른 요소와 환경적 요소가 서로 상호작용을 통해 형성된다. 다시 말하면, 사람의 선천적 요소와 부모의 개인적 양육태도, 가치관 그리고 그 이외 중요한 사람들의 개인적 가치관 및 그들과의 관계 등에서 영향을 받고 형성된다(박순환, 2005).

페르소나는 사람의 특정한 목적을 위해 나타나는 심리와 사회적인 구성이다. 예를 들면, 어머니는 자녀양육을 위해 양육자로서 페르소나를 구성한다. 다시 말해 페르소나는 인간의 사회적 역할과 관련이 있다. '사람들이 자신의 역할을 어떻게 실행하는가?', '사람의 태도를 왜 집단의 태도와 일치시키고 싶은가?', '사람들은 왜 자신의 개성대로 사는 것보다 사회와 문화에 자신을 맞추려는 경향이 더 많은가?'와 같은 질문은 페르소나 탐구를 통해 연구하는 문제이다(Stein, 1998).

성장과정에서 부모로부터 받은 양육이 중요한데, 이러한 양육의 경험은 유아의 개인적인 페르소나 발전에 영향을 준다. 유아기부터 정확한 방식으로 행동하는 것, 다른 사람과 예의적으로 교제하는 것, 다양한 경우에 따라 올바르게 정서를 표현할 수 있는 사회적 능력을 배우게 되는데 이를 통해 페르소나 즉, 사회의 원형을 형성한다. 페르소나의 가장 큰 특징은 고정된다는 것과 무의식적으로 태도와 행동에 영향을 미칠 수 있다는 것이다. 고정된다는 것은 주변 환경의 큰 변화가 없을 때, 페르소나가 시간이 지남에 따라 더욱 고정될 수 있다는 것이고, 심지어 자신의 페르소나를 과도하게 인정하는 경우에도 나타날 수 있다는 것을 의미한다(이예겸, 2018). 즉, 페르소나의 어원은 고대 배우들이 무대에서 쓰던 가면을 의미하며, 현재에 와서는 개인들의 다양한 역할을 수행하면서 그 역할에 따라 보이고 싶어 하는 개별적 면모이다. 속마음을 표현하지 않고 사회의 규범이나 관습에 따라 모습을 드러낼 때를 표현하는 단어로 사용된다.

(2) 그림자

그림자(shadow)는 자신의 성을 나타내고 동성인 사람과의 관계에 영
향을 미치고, 인간의 진화의 역사에 뿌리를 깊이 내리고 있다. 또한 그림
자는 기본적인 또는 정상적인 본능을 포함하고 있으며, 다른 면에서는
타인에게 알리고 싶지 않은 자신의 치부를 말한다(임향빈, 2018).

사람들은 이 세상을 살면서 의식적으로 그들이 가르쳐 주는 것들을
선택하고 자아를 거기에 맞추려 하여, 그 기준에서 벗어나는 것들을 의
식에서 배척되어 그림자를 형성하게 된다. 그림자란 우리 안에 있지만
우리가 직면하기를 꺼리는 모든 열등하고 아직 우리 몸으로 살지 않은
요소들인 것이다. 그러나 그것들도 본래 우리 인격을 구성하는 요소들
이기 때문에 언제나 우리 의식에 동화되려고 하며, 우리가 그것들을 거
부하면 거부할수록 그림자는 더 짙어진다(김혜정, 2007).

자신의 그림자에 대해 동일시나 회피, 억제 등의 반응을 보이는 사람
들은 인생의 전반기에 자아가 강하게 정립되지 않은 사람들이다. 어떤
주변 환경에도 흔들리지 않을 만큼 강하게 정립된 자아가 있을 때, 자신
의 무의식 속에 있는 어두운 그림자를 기꺼이 탐색할 수 있는 용기가 생
겨 자기실현, 즉 개성화를 이룰 수 있는 토대가 마련된다. 따라서 자신
의 그림자에 대해 동일시나 회피, 억제 등의 반응을 보이는 사람들은 아
무리 인생의 후반기라고 하더라도 먼저 자아를 충분히 강화하여 자아의
식을 발달시키는 작업이 필요하다(조정자, 2010).

자신의 부정적이고 악하고 다른 사람에게 '보여주고 싶지 않은 나'는
그림자이다. 그림자는 무의식 속에 숨겨지고 억제되어 있는 것이고 겉으

로 드러나지 않는다. 이로 인하여 사람들의 생활 속에서 나타나는 많은 행동들은 자신이 하는 것이라고 생각해도 이것을 잘 이해하기 어렵고 어떤 경우에는 자신이 말을 하고 내가 어떻게 이런 말을 했는지에 놀랍고 후회할 수도 있다. 하지만 그림자는 무의식 속에 숨어 있기 때문에 분명하게 인식하는 것이 쉽지 않다. 그림자가 억제되어 있고 자아의식을 통제하게 되면 자신과 다른 사람을 해칠 수 있는 위험적인 것이다. 하지만 그림자는 처음부터 부정적인 것은 아니다. 자신의 그림자를 인식하고 긍정적인 방식으로 행동하기를 통해 그림자를 자신의 한 구성적 부분으로 융합하게 되면 심리적 성숙을 이룰 수 있다(이부영, 2011).

그림자는 인간의 마음속에 감추어진 내적인 열망이나 욕망, 보이고 싶지 않은 치부, 드러내기 힘든 어두운 모습 등을 의미한다. 또한 공격성, 성적 욕망, 이기심, 두려움 등 스스로 인정하고 싶지 않은 내면의 또 다른 속성이며, 인간의 부정적인 측면과 근원적인 죄를 의미하기도 한다. 그림자의 부정적인 면의 예를 들면, 사회적으로 성공하여 명예, 부, 존경심을 받고 있는데, 다른 한편으로는 탐욕과 성적욕망을 다스리지 못하여, 끝없이 재물을 탐하고, 난교현상을 일으켜 사회적 물의를 일으키기도 한다. 이러한 일탈을 감추기 위하여 좋은 이미지를 보이려고 가면을 쓰기도 한다. 그러나 마음속에 자리 잡고 있는 어두운 면을 길들이고, 승화시키면, 일탈을 예방하고, 그가 사는 사회에 필요한 사회구성원의 일원으로서 자리 잡게 될 것이다.

그림자는 가면 아래 자리 잡고 있으며, 서로의 영역은 나누어져 있고 경험에 의하여 점차 확장되어간다. 그림자가 끓어오르는 욕망으로 인하여 가면의 범주를 벗어나게 되면 감당하기 어려운 상황으로 나타나기도 한다. 이는 마치 제어장치가 없는 기관차로써 결국은 파국을 맞게 된다. 가면과 그림자가 적절한 조화를 이루게 된다면 삶의 질이 높아질 것이고 올바른 참나가 형성하게 될 것이다.

(3) 참나
① 자기

자기(self)는 사람이 가지고 태어난 원래의 정신구조이다. 자기는 양육자와 중요한 관계를 형성하며 성숙하고 발달한다. 성숙과 발달과정에서 자기는 구조화를 위한 원래의 잠재력(가능성)뿐만 아니라 정신 내부의 모든 대상관계를 근간으로 정체감을 포함한 포괄적인 구조가 된다. 발달된 자기구조는 이상적 대상, 흥분시키는 대상, 거부하는 대상 그리고 이러한 대상과 관련된 자아의 중심적, 애욕적, 항애욕적 부분들과 정신 내부에서 상호 작용하는 역동적 관계의 모든 정동을 포함한다. 즉, 자기는 영유아가 성장하는 과정에서 양육자와 함께 경험한 크고 작은 사건들에 의해 만들어진 수많은 자아들을 통합한 개인의 총체를 지칭한다(임종렬, 2001).

건강한 사람은 자기가 잘 응집되고 통합되어 있지만, 그렇지 못한 사람은 자기의 강도가 약하다. 자기의 개념에 대해서는 이론가들마다 다양한 주장을 하고 있다. 초기에는 자기를 주로 환경이나 대상과 구별되는 자기 자신의 의미로서 자아로부터 발달하고 자아 내에 포함되어 있는 심리내적 구조로 이해하였다. 그러나 코헛은 자기를 하나의 개념이 아니라 공간과 시간을 통한 응집력 있는 하나의 단위로 경험되고 인지되는 것으로 정의하면서, 이는 감수성과 창의성의 중심이 된다고 보았다(김춘경 외, 2016).

자기는 정신기능의 조직자로 개념화 되어 있으며 사고, 판단, 통합과 같은 기능상의 표현을 통해 관찰할 수 있게 된다. 즉, 자기는 개인의 성격을 나타내며, 경험을 통한 지각에 대해 주체성을 지니며 개인의 중심으로 형성되는 정신적 사고를 의미한다(임향빈, 2018). 인간은 자기답게 살기 위해서 세상에 태어났다. 참나(self)인 자기답게 사는 인간은 독립된 하나의 개체이며, 인격과 개성을 갖춘 사회인으로서 자아존중감이 높고, 어려운 여건 또는 주어진 환경 내에서 스스로를 승화시키고 삶의 질을 향상시킨다. 그러나 자신의 삶에서 주체가 되지 못하는 인간은 자아존중감이 낮다. 성장과정에서 경험한 어두운 그림자(shadow)가 미해결과제로 남아 정신적 성장의 걸림돌이 되며, 삶의 질을 떨어뜨리는 데 영향을 미친다.

② 자기표상

영아의 내적 정신세계는 대상에 대한 이미지나 표상에 부가하여 그 자체적으로 발달해 가는 자기표상을 포함한다. 자기표상은 아동이 자신의 환경 내에 있는 대상들이나 중요한 사람들과의 관계에서 경험하게 된 자기에 대한 정신적인 표현이다. 영아는 처음에는 자기로부터 대상을 구별할 수 없다. 대상들은 자기의 부분들이거나 아니면 한 부분으로 여겨지게 된다. 이리하여 영아들은 어머니의 가슴을 우연히 입과 젖을 빠는 과정을 통해 발견하게 된 자신의 엄지손가락과 분리할 수 없다. 그러나 점차적으로 자기로부터 대상을, 자기로부터 비자기를, 자기표상으로부터 대상표상을 분리하기 시작한다.

대상과 자기에 대한 정신적인 표상은 보통 대상과 자기에 결부된 정서적인 에너지를 갖는다. 정서적인 에너지나 감정의 투입은 아동발달의 초기단계에는, 쾌락이나 불쾌감으로 느껴진다. 영아의 내부에 불쾌감을 가져오는 것은 금방 인식되어지고 내부의 나쁜 대상으로 내재화하게 된다. 즉, 아동은 정신적으로 미성숙하기 때문에 '나에게 좋은' 또는 '나에게 나쁜'과 같은 주관적인 용어로써만 세계를 경험하게 된다. 아동은 여전히 내부 대상이 아동을 좌절시키거나 겁에 질리게 한 외부세계에 있는 어떤 사람이라는 사실을 식별하지 못한다. 아동이 유쾌한 기분을 느낀다면, 만족을 주는 대상과 그에 의해 욕구가 충족되었기 때문에 아동의 자기표상은 '좋다.' 그러나 아동이 불쾌한 기분을 느낀다면, 아동의 자기표상은 '나쁘게 된다.' 이는 아동의 욕구가 충족되지 않았기 때문이다.

외부의 대상과의 무수한 상호작용 후에 심리내적인 구조는 이같이 기본적인 패턴에 따라 형성되지만 개인적인 차이는 존재한다. 유아는 관계를 맺고, 환경에 적응하고, 사고하고, 느끼는 경험을 통해서 학습하는 중심자아인 의식을 지니게 된다. 자신의 양육자와의 경험이 만족스러울수록 유아의 중심자아는 잘 발달하게 된다. 그러나 중심자아는 언제나 자신의 고통스러운 경험을 억압하고자 하는 욕구에 의해서 감소한다. 따라서 유아는 무의식 속에 대상과의 관계 속에 있는 거절하는 자아와 자신의 욕구를 자극하는 자극적인 자아가 자리 잡고 있다.

또한 자기표상은 한 개인이 다른 사람들과 어떻게 관계할 것인지를 결정짓는다. 예를 들면, 어떤 한 남자가 가난하게 살다가 직장을 얻어 결국에는 부를 획득하게 될지라도 그의 자기 이미지에는 변화가 없을 것이다. 따라서 그는 여전히 절약하고 저축하는 생활을 계속할 것이고 자기 자신을 위해서는 옷을 사 입는 데 돈을 낭비할 필요가 없다고 생각하고 계속 옷을 남루하게 입을지도 모른다. 객관적인 관찰자는 그 남자가 부를 가졌다는 사실은 쉽게 알게 되지만 그가 자신의 돈을 어떤 식으로 소비해야 할 것인지를 결정짓는 내부의 자기 이미지에 대해서는 단지 추측만 할 수 있을 따름이다. 즉, 자기표상은 개인이 타인에 대한 자신의 느낌을 정신적으로 투사하고, 그 후에는 내부의 왜곡된 지각을 토대로 다른 사람에게 행동하는 것을 의미한다.

③ 자기 개성화

인간이 개성화될 때 한 차원 높은 성숙된 관계를 형성할 수 있다. 개성화된 인간의 특성은 다음과 같다(김춘경 외, 2016).

첫째, 의식과 무의식 수준에서 모두 자기 자신을 잘 이해하고 있다.
둘째, 자기탐색의 시기에 자신에게 드러나는 것을 받아들인다. 자신의 본성을 수용하며, 상황에 따라 각기 다른 페르소나를 쓰지만 단지 사회적 편의를 위해서다. 자신이 갖가지 역할을 수행하고 있다는 것을 알고 있으며 그러한 역할과 진정한 자신을 혼동하지 않는다.

셋째, 성격의 모든 측면이 통합되고 조화를 이루어 모든 것이 표출될 수 있다. 생애 처음으로 특정 측면이나 태도 혹은 기능에서 어느 한 가지가 지배하던 것에서 벗어난다.

넷째, 자기 자신을 있는 그대로 나타내고 솔직한 생각과 기분을 표출한다.

다섯째, 모든 인류 경험의 저장소인 집단무의식에 대해 대단히 개방적이고, 인간상황을 보다 잘 인식하며 관대함을 가지고 있다. 우리 모두에게 영향을 미치는 인류의 유산에서 전해지는 힘을 인식하기 때문에 다른 사람들의 행동을 보다 깊이 통찰할 수 있으며, 인류에 대하여 보다 많은 연민의 정을 느낀다.

여섯째, 의식 속에 무의식적, 비이성적 요소들을 끌어들일 수 있다. 꿈과 환상에 주목하며, 한편으로는 이성과 논리를 사용하면서 무의식의 힘으로 그러한 의식의 과정을 조정한다. 초자연적이며 영혼적인 현상에 관심을 가지고 수용한다.

일곱째, 태도나 기능 혹은 원형의 특정 측면에 지배를 받지 않는다. 따라서 특정 심리적 유형으로 분류하기 어렵다(김춘경 외, 2016).

인간의 심리내부에는 자기와 대상이 함께 공존하는 영역이 있다. 이 영역을 우리는 이미지의 세계라고 부른다. 또한 이 세계를 표상의 세계라고 부르기도 하고 무의식의 세계라고도 한다. 무의식의 심리영역은 의식의 범주를 벗어난 곳으로 의식에 의해 인식이 불가능한 곳을 말한다. 그곳에서 자기(self)라고 칭하는 한 사람의 독특한 심리적 조직이 형성된다. 즉 정체성, 이미지, 성격 또는 특성이라고 말하는 한 사람의 정신이 만들어지며, 이는 자기라는 심리조직 안에 자리 잡아 어릴 때부터 거래했던 외부대상인 양육자와의 관계에서 경험한 모든 것이 지울 수 없는 이미지로 각인되어 오늘의 내가 있게 된 것이다.

따라서 자기 개성화의 과정이 순조롭게 거쳐 자기실현이 이루어지면 삶의 질이 높아지고, 그가 사는 사회구성원의 일원으로써 순기능적으로 삶을 영위하게 된다. 그러나 삶의 과정에서 개성화 과정이 순조롭게 이루어지지 못하게 되면 부정적 요인으로 나타난다. 특히 트라우마, 부정적, 치욕적, 불유쾌한 경험 등 어두운 그림자가 많은 사람은 과거의 경험으로부터 자기 자신을 지키기 위해서 자기 자신을 포함한 자기 환경 속의 주변 사람들을 조작해서 속이는 습관을 갖게 된다. 어린 시절의 경험에 의해 길러진 습관은 성인이 된 후에도 그 생활에 길들어져 편하기에 버리기 어려우며, 그 중에는 이러한 습관이 그 사람의 인격 속에 뿌리를 내리고 그 사람의 성격이 된다. 이러한 성격은 양육자가 행동으로 보여준 것을 혼자 답습하는 것이며, 후천적 학습영향으로 형성된 표출된 모습이다. 이와 더불어 아동은 양육자와 용해된 상태에서 의존한 채 독립이 될 때까지 점진적으로 성장을 계속한다. 양육자와의 용해와 공생이라는 초기관계를 통해 유아는 자기감과 자긍심을 형성해 가는데, 이 기간 동안의 관계에서 장애가 생긴다면 결과적으로 자기의 고갈과 공허를 초래한다.

(4) 의식과 무의식

정신분석의 창시자인 프로이트는 사람의 마음에 대한 연구 끝에 사람의 마음속에는 독립된 두 영역이 있음을 발견했다. 프로이트가 말한 두 개의 영역 중 하나는 의식의 영역이고 다른 또 하나는 무의식의 영역이다. 의식과 무의식은 모든 사람이 가지고 있는 정신세계이다. 그리고 그 단어가 뜻하는 바가 무엇인지 잘 모르는 사람들까지도 너 나할 것 없이 평상시 많이 써온 친숙한 단어이다.

인간의 마음속에 머무르면서 그 사람의 마음의 세계를 관리하는 심리 기제인 의식과 무의식은 서로 맡은 바 역할이 다르다. 의식은 사람의 생각을 만들어 내는 일을 하고, 무의식은 그 사람의 느낌을 만들어 내는 일을 한다. 사람의 생각과 느낌은 서로 다른 마음의 영역에서 만들어지는 것으로서 그 사람의 인간된 모습을 외부에 있는 사람들에게 전달해 주는 역할을 한다. 의식에서 만들어지는 생각이 사람의 의지에 의해서 만들어지는 것이라면 무의식에서 만들어지는 느낌은 사람의 의지와는 전혀 상관없는 무의식이 만들어 낸다(임종렬, 2002).

생각과 느낌은 정신분석학에서 주로 다루는 심리분야이다. 정신분석은 오랜 연구의 역사적 과정 속에서 인간이 조정할 수 없는 무의식에 대한 본질을 알아보고자 했다. 무의식의 본질을 한마디로 줄여서 말한다면 인간이 인지 및 이해하지 못하고 종용할 수 없는 의식이 알지 못하는 심리영역이다. 무의식은 인간의 마음속 깊은 곳에 자리를 잡고 인간의 운명을 결정해 주는 엄청난 일을 한다. 무의식의 영역에는 인간이 태어나서 살아온 지금까지의 모든 것, 특히 잊어버렸다고 생각하는 과거의 모든 경험들이 버려지지 않은 채 저장되어 있는 크기와 넓이를 알 수 없는 거대한 저장창고라 할 수 있다(임향빈, 2018).

① 의식

의식은 개인이 보고, 듣고, 만지고, 냄새 맡고, 맛보는 것과 같은 여러 가지 감각을 인식하고 슬픔, 고통, 유쾌 같은 것을 그 순간에 쉽게 알아차릴 수 있는 정신생활의 영역 즉, 깨어 있을 때 작용하는 의식의 영역이다(권육상, 2003). 의식이라 불리는 정신과정은 한 개인이 어느 순간에 인식하고 있는 모든 것(예: 감각, 지각, 경험, 기억 등)을 대표한다. 그러나 프로이트는 각 개인이 인식할 수 있는 것은 정신생활의 극히 작은 부분에 지나지 않는다고 믿었으며, 빙산의 일각에 불과하다고 하였다(김동배·권중돈, 2000).

의식이란 사람이 깨어 있을 때 무엇인가를 항상 생각하거나 느끼고 있으며 직접적이고 주관적인 체험을 가지고 있는데 이를 총칭하여 의식이라 한다. 또한 의식은 개인이 현재 자각하고 있는 생각을 포함하여 우리가 직접 알고 있는 정신의 부분이다. 그리고 의식은 자아를 통해 자신을 외부에 표현하고 외부 현실을 인식한다. 의식의 내용은 새로운 생각이 정신에 들어오고, 오래된 생각은 물러나면서 계속적으로 변한다. 그 기능은 객관 세계를 인식하는 기능, 미래를 예측하고 목표를 정하여 목적을 세우고 동시에 그 목적에 부합하는 행동을 위한 계획을 만드는 기능, 결정하고 결단을 내리는 기능, 나아가 행동의 규범·가치의 설정·행동·그 목적과 수단의 평가 기능 등이다. 이것들은 과학과 도덕 등 사회적 의식의 여러 형태를 만든다. 이렇게 의식은 복잡한 사회생활을 통제하고 물질세계를 실천적으로 변혁하는 기관으로서 역할을 한다(임향빈, 2018). 따라서 의식은 깨어 있는 상태에서 자기 자신이나 사물에 대하여 인식하는 작용을 의미하며, 현재 직접 경험하고 있는 심적 현상이다. 또한 의식은 개체가 현실에서 체험하는 모든 정신작용과 그 내용을 포함하는 일체의 경험 또는 현상을 의미한다.

② 무의식

정신분석이론에 따르면 인간은 무의식적인 존재다. 사람들은 자신에 대하여 극히 일부분만을 깨닫고 있을 따름이며, 깨어있는 의식은 무의식의 지배를 받는다. 사람들이 겪는 심리적 문제는 무의식이 작용한 결과다. 무의식의 저장고에 고이 있어야 할 고통스런 기억들이 마음의 방어력이 약해진 틈을 타고 의식 상태로 올라오려 하는 과정에서 심리적 증상이 형성된다. 이런 의미에서 심리적 증상은 무의식적 활동의 결과이다(이장호 외, 2008). 무의식은 전적으로 의식 밖의 존재하는 것으로서 일생 동안 경험한 지식이나 감정 또는 경험이 모두 저장되는 영역으로 인간의 마음에 가장 큰 부분을 차지하고 있다. 이러한 무의식은 인간정신의 가장 크고 깊은 심층에 잠재해 있으면서 의식적 사고와 행동을 통제하는 힘을 가지고 있다(권육상, 2006).

무의식은 정신의 가장 깊은 수준에서 작동되는 것으로 우리가 자각하지 못하는 경험과 기억으로 구성된다. 무의식은 본능에 의해 지배되며 모든 행동의 배후에서 작용하는 중요한 추진력으로 소망과 욕망이 자리 잡고 있는 곳이다. 사회성이 전혀 포함되지 않는 인간의 내면으로 채워지는 무의식 속에는 당연히 사회적으로 지탄받을 금기된 성향과 욕망, 상상들이 들어 있다. 이루지 못할 사람에 대한 사랑하는 마음이나 버릇, 거친 행동이나 이를 실행에 옮기는 상상 등이 포함된다. 또한 기억 속에서 지워 버린 어린 시절에 겪었던 경험, 충격, 상처 등이 무의식에 항상 존재한다. 한 번 경험한 것은 그냥 사라지는 것이 아니라 무의식에 고착화되어 연상상황(연상기억)에 의해 재활성화 되며, 상황에 따라서는 과거의 트라우마가 현재의 삶에 크게 영향을 미치기도한다. 무의식의 영역에 억류되어 있는 불만의 덩어리는 의식의 세계로 올라와 미처 해결하지 못하고 불만이 된 과거의 욕구를 해결하고자 하는 강한 소망을 갖는다. 그러나 이러한 소망은 무의식의 세계에 머무르면서 느낌을 만들어 낼 뿐 과거에 충족되지 못한 욕구를 현실적으로 충족시킬 수 있는 기회를 갖지 못하는 것이 일반적이다(임향빈, 2018).

3) 마음의 병

마음속의 근심으로 인하여 생기는 병으로 심인성질환이라고 한다. 발생 원인은 다양하지만 성장과정에서의 미해결과제와 관련이 있어 보인다. 특히 어린 시절 양육자와의 관계에서 미해결과제가 형성되면 이러한 요인으로 인하여 마음의 병의 원인이 형성된다. 아이는 성장과정에서 양육자로부터 사랑, 배려, 칭찬, 지지, 격려 등을 받지 못하고, 체벌, 질타, 비난 등을 받으며 성장한다면 이러한 인정욕구 결핍과 애착형성 결여, 트라우마(trauma) 등이 미해결과제로 남게 된다. 이러한 요인들이 무의식에 자리 잡고 있다가 청소년기 이후 어느 시기에 외부로부터 트라우마, 폭언, 심한 자율성 제한 등 감당하기 힘든 자극을 받으면 잠복하고 있던 인자들이 표출되어 삶의 질을 낮게 한다.

(1) 마음의 병원인의 이해

심리증상은 종종 여러 요인이 함께 작용하여 발생한다. 그러므로 심리질환의 원인을 한두 마디로 요약할 수 있는 이론이란 존재하지 않는다. 충격적 사건, 가령 자식이나 배우자의 죽음, 폭력범죄, 인질극, 심각한 교통사고, 자연재해, 전쟁, 수용소 생활 등 수많은 압도적 체험도 마음을 지속적으로 손상시킬 수 있다. 이처럼 마음에 입은 상처로 말미암아 질병을 앓게 될 때 '심인성(心因性)'이라는 표현을 쓴다. 현대 정신의학에서는 혁명이 일어나고 있다. 전 세계 과학자들은 심리질환의 생물학적 원인을 점점 정확히 해독해내고 있다. 마음의 병을 앓을 때 뇌 안에서 어느 신경회로, 생각 중추, 화학적 구성에서 문제가 생겼는지를 찾아내고자 한다. 때로는 세르토닌이나 도파민 같은 단 한 가지 화학물질의 오작동이 엄청난 문제를 야기한다. 때로는 뒤엉킨 신경 체계들의 더없이 복잡한 상호작용으로 말미암아 병이 발생한다. 그러나 인간의 마음은 그

저 케이블과 화학물질이 정상 작동하면 최적으로 기능하는 복잡한 컴퓨터에 불과한 것이 아니다. 마음은 우리의 삶에서 경험하는 것들, 즉, 사랑의 상실이나 폭력과 평화, 실망과 행복의 산물이기도 하다. 우리가 앓는 마음의 병은 상당부분 타인의 애정을 통해 치유될 수 있다(김태희 역, 2014).

동물에 비해 복잡한 유아는 그의 부모나 가족 가까이에 있는 다른 사람과 상호작용하면서, 출생부터 6-7세까지의 성격이 형성되는 기간 동안 어떤 방식으로든지 조건화되어진다. 이러한 경험들은 0-6세 사이 그들에게 가장 중요했던 사람들에 대한 감정적 반응양식을 형성시킨다. 이러한 양식은 일단 형성되면, 눈에 보이지 않는다 하더라도, 개인의 나머지 생애 동안 그 핵심적 부분이 지속된다. 프로이트가 말한바와 같이 일단 우리가 겪어온 아동기 경험은 우리 모두의 마음속에 살아있게 된다. 이러한 아동기 경험이 인격의 핵심이다. 우리의 0-6세 양식은 우리의 운명이며, 어떤 사람에게는 고결한 정신의 기초가 되며, 다른 사람에게는 여러 가지 정신병리의 기초가 된다. 즉, 정신 신체적 문제, 신경증, 정신증, 도착증, 약물중독 그리고 개인적인 적개심으로 표현되거나 공공연한 범죄로 표현되거나 정치적인 것으로 합리화되거나 어떤 가치 있는 이유가 붙여지는 범죄로 표현되어 나타나게 된다(이근후 외 역, 1999).

어린 시절 양육자와의 관계에서 긍정적 경험은 아이의 심리형성에 지대한 영향을 미치게 된다. 시기별로 구분하면 정상자폐기는 0-3개월로 100일 이후 자폐아인지 아닌지 결정되고, 공생기는 4-18개월로 이 시기에 아이는 양육자와 분리가 되지 않으며, 이 시기에 아이가 감당하기 힘든 어려움을 겪게 되면 정동장애(우울, 조울증), 조현병 등의 인자가 형성된다. 격리개별화기는 19-36개월로 아이가 아동학대 수준의 자율성을 침해 받게 되면, 반사회적성향이나 경계선성향의 인자가 형성된다. 그리고 오이디프스 갈등기 시기는 37-60개월이며, 이 시기에는 이성부모로부터 충분한 사랑을 받아야 한다. 아이가 이 시기에 충분한 사랑을 받지 못하면 자기도취증이나 신경증의 인자가 형성된다(임종렬, 2002).

이와 같이 공생기, 격리개별화기, 오이디프스 갈등기에 형성되는 병리 증상의 인자들은 청소년기 이후의 어느 시기에 외부로부터 감당하기 어려운 트라우마, 왕따, 심한 갈등 등을 겪게 되면, 무의식 속에 잠복하고 있던 인자들이 의식 위로 표출화 되어 심리적·정서적·정신적 어려움을 유발하게 되고 심인성 증상으로 나타난다.

(2) 인정욕구 결여

사람은 자기답게 살기 위해서 세상에 태어났다. 대부분의 사람들은 어떤 면에서는 대단한 성공을 했지만 어떤 다른 면에서는 쓰라린 패배를 한 경험을 가지고 있다. 자기답게 살고 자기답게 살지 못하는 것은 결국 자기라는 존재가 잘못된 어린 시절의 영향력을 받고 있기 때문이다. 잔인스럽게 얻어맞은 일, 불행한 부모와의 관계, 심한 병을 앓음, 항상 실망을 하거나, 정당하지 못한 신체적인 처우, 무시무시한 사건 등이 인생을 실패하게 만드는데 영향력을 행사한다. 불행했던 어린 시절의 이러한 경험들이 자기답게 살 수 있는 길을 막고 있기 때문에 결국은 자기 발전을 저해 당하고 자기가 가지고 있는 위대한 잠재력을 구현하지 못하고 있는 것이다(임종렬, 2000).

영유아기의 박탈경험은 유기불안을 자극한다. 대상(양육자)으로부터 격리개별화 되어 독립된 개체로서 성장하지 못하고 자율성을 포기하는 이유가 되는 박탈감과 이에 대한 저항이 버림을 받을지도 모른다는 무의식적 불안과 연계된다. 따라서 가깝고 친숙한 사람이면 누구에게나 칭얼거리고 매달리고 귀찮게 의존하는 것으로서 정신적인 불안을 감소하고 안정을 취하려 하는 경계선적 성격을 가진 인간이 되는 것이다. 경계선적 성격을 가진 사람의 부부관계나 부모 자녀관계에서 표출되는 의존적인 태도는 참고 견딜 수 있는 경지를 벗어난다. 경계선적 성격을 가진 사람이 원하는 인간관계는 그것이 무의식적인 것이라고 할지라도 대부분의 관계가 상호 혐오적이며, 파괴적인 성향을 갖는다. 그들의 피곤한 인간관계는 결과적으로 알코올중독, 습관성 도박, 빈번한 부부싸움, 도벽, 배우자나 자녀의 가출 유도 등과 같은 무책임한 행동 즉, 자기와 주변의 가까운 사람을 괴롭히는 행동으로 일관한다(임종렬, 2001).

육체의 건강한 보존을 위해 건강한 음식이 필요하듯 정신의 건강을 위해서는 건전한 사랑이 필요하다. 양육자의 사랑이 부족하거나 불가능했을 때 아이는 부족한 양육자의 사랑을 요구하며, 슬퍼하고, 갈구한다. 이와 함께 아이는 음식거부, 등교거부, 도벽, 학업부진, 가출 등의 일탈행위를 나타내기도 한다. 인간의 정신적인 건강은 그의 육체를 통해서 표현되는 자아의 의지와 관련되며, 자아가 소유하고 있는 에너지의 양과 관계된다. 건강한 인간의 행동 속에는 풍부한 자아의 의지가 내포되어 있으며, 그러한 정신에너지에 의해 가동된다. 자아의 에너지는 생명체의 유지를 위해 필요한 것을 공급받기 위한 욕구와 환경의 영향 사이에서 일어나는 상호작용에 의해 충족된다.

(3) 심인성 질환

정신질환은 정신기능의 기초를 이루는 심리학적, 생물학적, 또는 발달 과정에서의 기능이상을 반영하는 개인의 인지, 정서조절, 또는 행동에서 임상적으로 유의미한 장해라는 특정을 가진 증후군이다. 정신질환은 대개 사회적, 직업적, 또는 다른 중요한 활동에서의 심신장애, 또는 유의미한 정신적 고통과 관련되어 있다. 가령 사랑하는 사람의 죽음과 같이 다른 중요한 활동에 대한 예측이 가능하거나 문화적으로 용인되는 반응은 정신질환이 아니다(권준수 외 역, 2020).

삶의 과정에서 감당하기 어려운 스트레스나 불행한 경험을 하게 되면 이러한 것들이 쌓여 심인성 질환으로 자리 잡게 된다. 심인성 증상의 원인인 취약성은 트라우마 또는 어두운 그림자로써 무의식에 자리 잡고 있다가 정신역동을 일으킬 조건인 연상기억(연상상황)에 의해 의식 위로 올라오게 된다. 식물이 자라기 위해서는 햇볕과 수분, 토지가 있어야 하듯이 취약성이 증상발현으로 나타나기 위하여 는 유발인자와 접촉이라는 조건이 성립되어야 한다. 즉, [그림 3]과 같이 취약성이라는 자물쇠가 유발인자인 열쇠를 만나게 되면, 증상발현인 열린 자물쇠로 표출하게 된다.

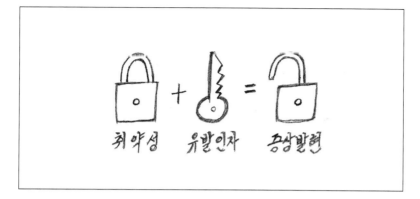

[그림 3] 심인성 증상의 원인

정신에 흠에 생기거나 금이 가면 그것이 질병으로 발전한다. 흠과 금이 얼마나 크냐에 따라 질병의 정도가 결정된다. 질병은 정신이 먼저 앓는다. 정신이 앓고 난 다음에 몸이 앓는다. 몸이 앓다가 더 이상 더 지탱할 수 없게 되면 그 병을 다시 정신에게 양도한다. 정신과 몸은 서로 번갈아 상대방을 돕기 위해 질병을 앓는다. 만일 정신이 몸을 위해서 병을 대신 앓기를 거부하면 어쩔 수 없이 몸 혼자서 병을 앓게 된다. 이때 몸이 앓게 되는 병은 치명적이다. 간을 고장 내거나 암에 걸리거나 그 밖의 다른 불치병을 앓게 된다. 불안과 긴장이 없는 사람은 어떠한 병도 앓지 않는다. 병의 본질은 질서가 정연해서 정신이 병을 앓으면 몸이 건강하고, 몸이 병을 앓으면 정신이 멀쩡하다. 모든 병이 불안과 긴장, 열과 아픔을 느끼게 하는 것은 그러한 느낌을 빨리 없애 달라는 구원을 요청하는 것이다(임종렬, 2002).

[그림 4] 병의 진행과정

　마음의 병원인의 치유를 위한 일환으로 후천적 학습영향에 의해 형성되어 무의식적 가정(假定)에 자리 잡고 있는 미해결과제를 치유하여 순기능적 변화를 이끌어 내어야 한다. 이를 위하여 상담사는 상담을 통하여 내담자가 현실을 직시하고, 불안처리 능력과 충동억제 능력 등을 기르고, 고착된 심적 에너지를 해방하도록 한다. 또한 역기능적인 개인 내적 역동에 대한 통찰을 통하여 자아기능을 강화시킨다. 현실적이고 수용적인 태도를 기르고, 자유롭게 일하고, 사랑할 수 있는 능력을 성취하도록 한다. 그리고 긍정적 변화를 통한 보다 완전하고 성숙한 삶의 실현을 통하여 삶의 질을 향상시킨다.

4) 무의식적 가정

(1) 무의식적 가정의 이해
　자기(자녀)와 대상(어머니)을 결속시키는 매달리고 밀어내는 자기와 대상관계가 시간이 지나면서 가족의 무의식 속에 자리 잡는다. 그리고 하나의 가정(假定)으로써 기능한다. 가족의 무의식적 가정은 그 부모 또는 양부모와의 사이에서 내면화된 발달 경험으로부터 도출된 것이다. 전청소년과 청소년이 발달과정이라는 관점에서 보았을 때 가족은 특별한 발달과업 수행을 증진시키는 데 있어서 중요한 기능을 담당한다. 이 기능들은 개별화와 상대적인 자아 자율성의 증진을 포함하고 부모와 동료에 대한 그들 관계의 질에 있어서 실제적인 변화를 가져오는 청소년의 가족들 내에 통합된 주체성 형성을 초래한다. 청소년 발달은 이들 변화를 방해하는 가족 내의 무의식적 가정에 의해 방해 받는다. 부모와 청소년의 행동에 내재하는 그들 관계의 방어적 의미를 정의하기 위해 부모를 상대로 한 청소년의 행동과 청소년을 상대로 한 부모의 행동을 관찰해야 한다. 그리고 이러한 방어적 행동으로부터 부모에 대한 청소년의 무의식적 의미와 청소년에 대한 부모의 무의식적 의미를 추론해 내야 한다. 그러한 추론이 가능했을 때 가족의 무의식적 가정을 공식화할 수 있다(임종렬, 2001).

청소년 발달과 관련된 가족의 배려는 청소년으로 하여금 독립된 인간이 되게 하고 자율성을 증진시키고 부모와 동료에 대한 그들의 관계적 질을 실제적으로 향상시키는 일을 한다. 가족의 이러한 배려는 가족이 가족으로서 통합된 주체성을 가지고 있을 때에 한해서 가능하다. 그러니까 가족의 무의식적 가정이 자녀를 돕는 가정인가 아니면 그 가정이 자녀의 성장과 독립을 방해하는 가정인가와 밀접한 관계가 있다는 것이다. 그럼에도 불구하고 우리가 알고 있는 대부분의 가족들은 청소년 자녀의 발달과 변화를 방해하는 가족의 무의식적 가정이라는 장애요인을 가지고 있다(임종렬, 2002). 이와 같이 가족의 무의식적 가정은 부모 또는 양부모와의 사이에서 내면화된 발달 경험으로부터 도출된다.

(2) 무의식적 가정의 치유

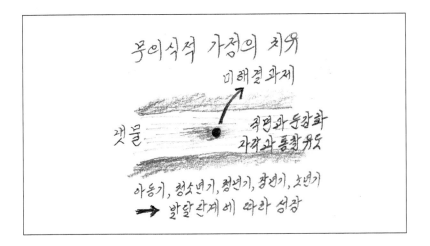

[그림 5] 무의식적 가정의 치유

인간은 영아기, 아동기, 청소년기, 청년기, 장년기, 노년기 등으로 발달 단계에 따라 성장하고, 변화되지만 어린 시절 경험한 트라우마는 심리 상담을 통한 치유를 받지 않는 한 지속적으로 정신적 성장에 영향을 미치게 된다. 예를 들면, 흐르는 냇물에 돌멩이가 있다면 물의 흐름에 영향을 미치게 되듯이, 어린 시절의 부정적 경험은 정신적 성장에 영향을 미치게 된다. 이러한 돌멩이를 핀셋(pincette)으로 집어내는 방법은 아직까지는 없다. 그러나 무의식적 가정에 자리 잡은 미해결과제인 트라우마의 치유는 가능하다. 상담사는 내담자의 치유를 위하여 라포 형성 후 핵심감정과 미해결과제에 대해 직면시킨다. 처음 직면에 처하게 된 내담자는 역동이 일어나게 되고 때에 따라서는 액팅 아웃(acting out)도 하게된다. 그러나 이와 같은 직면을 의도적으로 회기마다 반복하다 보면 점차 역동이 줄게 되고, 일정 회기가 지나면 마음이 편해지고 자연스럽게 이야기를 한다. 내담자는 이러한 과정을 통해서 자신을 되돌아보게 되며, 자각과 통찰이 일어나게 되며, 단기상담에서는 긍정적 변화, 장기상담에서는 치유가 나타난다.

5) 미해결과제

인간은 삶을 영위하면서 다양한 경험을 하게 되며, 그중 해결되지 않은 문제를 가지고 그냥 넘어가는 경우가 있는데 이러한 경험은 살아가면서 개인의 생활, 대인 패턴에 영향을 미친다. 이를 미해결과제라 하는데 과거의 경험과 연관이 깊다. 어린 시절부터 원하였지만 하지 못하고, 마음에 담아두고 걸리는 것들 즉, 증오, 분노, 고통, 불안, 슬픔, 죄의식, 갖가지 상처 등이 억압된 감정으로 남아서 미해결과제가 되고 그러한 감정이 강해지면 개인은 선입견, 강박행동, 걱정 등으로 인하여 억압된 에너지와 자기 패배적 행동으로 표출되어 괴로움에 처하게 된다. 이러한 미해결과제는 우리 생활의 전경에 나타나 삶을 지배하고 있으며, 언제 어디서나 생활 속의 행동에 영향을 주게 되어 편치 않은 생활을 하게 된다.

또한 미해결과제는 당사자가 현재 겪고 있는 갈등의 원인이 되며, 과거에 해결되지 못한 갈등이나 사건이 현재의 행동에 까지 영향을 주게 된다. 사람은 자신이 가지고 있는 에너지를 자신의 형태로 만드는 데 사용하게 되는데, 이러한 과정을 잘해내는 사람들이 건강한 사람이다. 실제로 현재 상황에서 문제를 느끼는 사람들은 과거에 미처 해결되지 못한 분노나 미움, 슬픔 같은 미해결 감정을 표면화시키지 않도록 하는 데 에너지를 묶어 두고 있다. 그러한 감정들을 표면화시켜, 직면할 때 에너지의 해방이 일어나고 더 많은 에너지들을 긍정적 생활을 하는 데 사용하여 자신의 내부와 외부환경에서 일어나는 상황들을 제대로 자각할 수 있게 된다(임향빈, 2018).

사람은 태어나면서 양육자의 보호와 훈육에 의하여 직접적·간접적 경험을 하면서 성장하게 된다. 이때 양육자는 어머니, 아버지, 할머니 또는 파출부가 될 수 있다. 여기서 말하는 양육자는 아이를 직접 기른 사람을 지칭하는 것이다. 아이는 양육자의 양육방식에 의해 습득하고 배우게 된다. 따라서 양육자가 건강한 사람이면 건강하게 양육되지만 경계선 성격 소유자가 자녀를 양육하면 경계선 성격 소유자를 양성하게 된다. 그리고 성장과정에서 문제가 생겼을 때 해결하지 못하고 그 시기를 넘게 되면 그 이후의 삶에 부정적 영향을 미치게 된다.

미해결과제는 내담자 스스로 치유하기는 어려우며, 상담사의 조력이 필요하다. 상담사에 의해 핵심감정에 직면하게 되고, 접촉이 일어나며,

고통이 완화되어 미해결과제로부터 벗어날 수 있게 된다. 걸림이 해소되면 전경에 있던 미해결과제가 유연하게 배경으로 물러나게 되면서 삶의 질이 높아진다. 그러나 걸림이 해소되지 못하면 과거에 집착하게 되고 퇴행이 일어나며, 자신을 포함한 삶의 공동체에도 부정적으로 작용 할 수 있다.

6) 말속의 말 찾기

(1) 말속의 말 찾기의 이해

상담사와 일반인이 다른 점은 상담과정에서 말속의 말을 찾는다. 어떤 내담자는 논리적으로 이야기는 하지만 핵심내용은 피하고 이야기하며, 어떤 내담자는 두서없이 파편화 하듯 이야기를 한다. 이러한 과정에서 왜 이 시간에 이런 이야기를 하는지 상담사는 내담자의 말을 경청하며, 말속의 말을 찾아야 한다.

일반적으로 상담을 받으러온 내담자들은 심리적·정서적·정신적 어려움으로 인하여 삶의 질이 낮아져 있으며, 심인성 또는 신체화 증상으로부터 벗어나고자 한다. 이들 중 일부는 애착형성 결여, 분리불안, 격리불안, 트라우마, 인정욕구 결여 등 각기 다른 다양한 고통이 마음의 병으로 자리 잡아 삶을 포기하고 싶을 정도의 극한 상황에 처한 내담자들도 있다.

그중 일부는 상황에 따라 원시적 전이가 형성되고 저항이라는 방어기제를 통해 표출하기도 한다. 이러한 원시적 전이는 다수의 모순된 자아상의 이미지에 혼란을 두고 다양한 방어형태로 구성된다. 내담자는 때에 따라 분에 못 이겨 큰소리를 지르며, 여과 없이 거친 행동과 대성통곡을 하기도 한다. 이러한 경우 상담사는 기다려 주어야 하며 때로는 버티는 힘도 갖추어야 한다. 내담자의 액팅 아웃(acting out)은 핵심감정에 직면하였을 때, 주로 나타나게 된다. 또한 내담자에 따라 감정제어를 하지 못하고 폭발적으로 표출하거나 반사회적인 행동을 한다. 이러한 내담자의 부정적 방어기제는 의식적 자각에서 벗어나 무의식적으로 일어나게 된다.

상담사는 내담자의 감정에 따라 동요하면 안 된다. 상담 관계에서 내담자가 소리 지르거나 우는 행동을 하더라도 그것이 위험하거나 상담에 방해가 될 정도가 아니라면 수용하여야 하며, 위협적인 태도를 취해서는 안 된다. 그러나 공감을 한다고 내담자가 울면 같이 울고, 화를 내면 같이 화를 내면 안 된다. 이러한 행동은 내담자에게 도움이 안 되며, 상담의 목표와 초점을 잊고 상담다운 상담을 하지 못하게 된다. 또한 상담사는 어떠한 내담자와 상담을 하든지 편견을 배제하고, 내담자의 복리를 우선시 하여야 한다. 상담사는 내담자 중심의 상담을 하여야 하며, 상담에 대한 욕구를 충족시켜주어야 하고, 내담자의 말속에서 핵심감정과 그가 말하는 의미를 찾아내어야 한다.

40대 초반의 여성이 가족들의 권유에 의해 상담실에 오게 되었다. 내담자는 무기력하고 우울증이 있어 보였으며, 화장기는 없었다. 머리카락은 어깨까지 오지만 단정하지 않았으며, 밤색계통의 셔츠와 바지를 입었다. 내담자는 삶의 의욕이 없고 죽고만 싶다고 하였다.

상담사: 많이 불편하신가 봐요.

내담자: 예, 요즈음 잠도 잘 안 오고, 무기력하고 수시로 눈물이 나고 내가 왜 사는지 모르겠어요. 살고 싶은 생각이 없어요. 그냥 죽고 싶은데… 어떻게 죽어야 하지, 하루 종일 이런 생각을 하고 있어요.

상담사: 하루 종일 죽음을 생각하고 있다니 얼마나 힘들겠어요. 이런 우울(가명) 씨의 마음을 가족들은 알고 있나요.

내담자: (눈물을 흘리며) 내가 방에만 있고 밖에 나오지 않고… 힘들어 하고 있는 것을 어느 정도는 알 거예요… 내가 죽어야 하는 데… 죽어야 하는데…

상담사: 그러면 우울 씨는 자살에 대한 생각은 언제부터 하였나요.

내담자: 몇 달 되었어요.

상담사: 그러면 마음으로만 생각한 것인가요. 아니면 자살 시도를 하였나요.

내담자: 그러니까… 그게… 아직 시도는 안 해본 것 같아요. 막상 시도하려니 둘째 아이가 걸려서요. 큰아이도 떠나보냈는데… 그런데 지금은 자꾸 죽고만 싶어요… 아파트 10층에 사는데 베란다에 가면 떨어지고 싶은 생각이 자꾸 들어요. 그러다가 정신이 돌아오면 내가 왜 이러지 하면서 무서움이 오는 거예요.

죽으면 아이는 누가 돌보지 아직 엄마의 손길이 필요한데…
아이 때문에 죽을 수도 없고, 살 수도 없고 어떻게 하면 좋아
요. 죽어야 하는데…

　내담자는 감당하기 어려운 트라우마로 인하여 삶을 포기하고 싶은 정
도로 심리적·정신적으로 어려움을 겪고 있다. 표면적으로는 자살을 하
고 싶다고 이야기하고 있으나 내담자의 내면에는 삶의 욕구가 강하게 작
용하고 있다. 이러한 양가감정에 의하여 내담자는 무기력과 우울증, 신
체화 증상으로 나타나고 있다. 따라서 상담사는 상담 과정에서 내담자
의 언어와 비언어적 행동을 살펴보아야 하며, 그 속에 담긴 의미를 찾아
야 한다. 즉, 겉으로는 죽고 싶다고 하면서 속으로는 살고 싶은 욕구가
강하고 자신의 힘으로는 현재 상황을 해결할 수 없어 외부의 도움을 요
청하고 있으며, 내담자는 살고 싶다는 마음을 비언어적으로 표출하고
있다. 따라서 상담사는 내담자의 핵심감정을 탐색하고 분석하여, 말속의
말을 찾아야 한다. 그러나 말속의 말을 찾으려면 내담자의 말이 들려야
한다. 여기서 말이 들린다는 것은 그 의미를 이해한다는 것이다. 상담사
의 진단에 의해 내담자가 받아들이는 결과는 크게 달라질 수 있다. 내
담자가 죽고 싶다고 상담 과정에서 수시로 이야기한 것을 그대로 믿는다
면 상담사는 자살방지에 대한 조력을 할 수도 있다. 이와 반대로 내담자
가 표면적으로는 죽고 싶다고 하지만 마음 안에 내재하고 있는 살고 싶
다는 욕구를 찾아낸다면 상담사는 내담자의 복리와 삶의 질 향상을 위
하여 노력할 것이다.

(2) 말의 내용

치료자는 대부분 환자가 제시한 정보를 통해서 그리고 치료 시간에 환자를 관찰함으로써 환자에 대해 알게 된다. 의미를 표현하는 언어적 의사소통뿐만 아니라 의사소통의 전달방식에 대해서도 경청하여야 한다. 머뭇거림, 화, 웃음소리, 비꼬기, 의사소통과 관련된 측면들 모두가 언어로 된 메시지를 명료화하거나 정교화하는 데 있어서 중요한 역할을 한다. 치료자는 경청을 하면서 내담자가 말한 내용을 평가하고, 내담자의 행동을 관찰하고, 내담자에게 질문을 할 것인지를 결정하며, 논평이나 해석, 제안 등을 한다. 심지어는 상호작용의 초점을 바꿀 수도 있다. 치료자는 내담자가 치료나 치료자에 대해 언급하는 것은 어떤 것이든 아무리 지나가듯이 말한다고 해도 각별히 주의를 기울여야 한다. 왜냐하면 그 속에 치료에 대한 내담자의 생각이 담겨 있으므로 주의 깊게 탐색될 필요가 있기 때문이다. 치료자는 가장 적절하고 치료적인 방식으로 반응하기 위해서는 치료에서 어떤 일이 일어나고 있는지를 항상 평가해야 한다(권석만 외, 2006).

내담자가 제공한 사실에 근거한 정보와 상담사의 특별한 중재 내용을 포함한다. 상담 내용 그 자체가 비언어적인 행동에 의존하고 있다고 할지라도 언어적 전달이 가능할 수 있어야 한다. 간혹 언어적 내용은 면담의 진솔한 메시지와 관계가 없을 수도 있다. 예를 들면, 내담자가 경직된 자세로 앉아 있으면서 손에 쥐고 있는 휴지 위에 눈물을 떨어뜨린다거나, 주먹을 불끈 쥐거나 또는 여자 내담자가 가슴이 보이도록 앞으로 숙이고, 그것을 바라보는 남자 상담사는 죄의식을 느낀다든지 이러한 비언어적 행동은 언어가 전달하는 메시지보다 더 강하고 직설적이고 진솔한 메시지가 된다. 일반적으로 비언어적 의사소통은 내담자의 정서적 반응 즉, 웃거나 얼굴을 붉히거나 안절부절하는 것 등을 포함한다.

그렇다고 해서 언어적 표현을 무시해도 된다는 말은 아니다. 상담 과정에서 내담자가 전하고자 하는 말의 의미는 사전에 정의되어 있는 말의 의미보다 더 많은 의미를 포함하고 있을 수 있다. 그렇기 때문에 상담사는 내담자의 언어적 표현의 현실성과 표현된 언어의 은유적 또는 암시적 내용에 각별한 관심을 가지고 분석적 경청을 하여야 한다. 그 예로서 내담자가 활용하는 말의 내용이나 스타일, 특정한 언어 선택의 빈도 즉, 활동적인 내용의 동사, 전문적인 용어, 사투리, 잦은 명령어 등을 얼마나 자주 사용하는가를 예의 주시하고 그 말들의 내용을 분석해야 한다.

7) 질문하기

(1) 질문하기의 이해

치료자란 내담자에게 질문을 하기 마련이므로, 치료자의 질문 행동에 대해 주목할 가치가 있다. 치료가 진행됨에 따라 질문이 줄어들겠지만, 질문을 해야 할 때는 항상 있을 것이다. 치료자는 중요 주제에 대해 정보가 적당하지 않을 때 질문을 할 필요가 있다. 중요 주제로는 내담자의 문제 지속기간, 가능한 촉발사건, 지난주에 내담자가 느낀 점 등 폭넓은 사항들에 대해 질문을 할 수가 있다. 치료의 다른 측면들과 마찬가지로 치료자는 질문을 하는 근거가 있어야 하고, 필요에 따라 계속 질문할 준비가 되어있어야 한다. 치료자는 내담자가 보다 자연스럽게 정보를 내놓을 수 있도록 질문할 수 있다. 내담자가 중요한 것을 분명하지 않게 말한다면 치료자는 특별한 이유가 없는 한 그것을 명확히 해야 한다(권석만 외역, 2006).

상담사의 효과적인 질문은 내담자의 자기 자신을 반추하고 현실을 직시하게 하며, 자각과 통찰을 유도하여 바람직한 모습으로 내담자를 변화하게 만든다. 상담과정에서 상담사는 말속의 말을 찾는 것이 중요하듯이 질문을 잘하는 것도 중요하다. 여기서 질문을 잘하라는 것에는 두 가지 의미가 있다.

첫째, 상담사는 상담과정에서 내담자의 말을 놓치는 경우가 있다. 이러한 경우 초심자는 멈추지 못하고 내담자의 이야기에 따라가게 되어 상담의 깊이가 옅어지게 되어 상담의 질이 떨어지게 된다. 그러나 경험이 많은 상담사는 내담자의 말을 중지시키고 "잠깐만요. 지금 이러이러한 뜻으로 이야기하였는데 내가 이해한 것이 맞나요?"라고 물어본 뒤 맞다고 하면 다시 진행하여야 한다. 이러한 상담을 하였을 때 상담의 깊이가 있고 내담자를 위한 내담자 중심의 상담으로 이어지게 된다.

둘째, 상담을 하다보면 내담자의 긍정적 변화를 위하여 중요한 이야기를 하는데 내담자가 인지를 못 하는 것 같은 느낌을 받았을 때, 상담사는 같은 이야기를 반복해서 인지될 때까지 이야기하여야 한다. 내담자에게 중요한 이야기를 했는데도 불구하고 내담자가 인지가 되지 않았다면 내담자의 긍정적 변화와 치유에 어려움이 따르게 되고 상담의 깊이도 옅어질 수밖에 없다.

(2) 임상적 표명으로서의 저항

첫 저항은 상담 중에 의사소통의 형태에 의해서 표현되는 저항이며, 그러한 전이는 쉽게 인지되어진다. 내담자가 "마음속에 떠오르는 것이 아무것도 없습니다." 또는 "말할 것이 아무것도 없습니다." 등으로 전이가 설명되어질 것이다. 상담사는 내담자가 말을 할 때까지 조용히 앉아서 기다릴 수 있다. 상담사는 무엇 때문에 내담자가 조용히 앉아 있는가를 분석할 필요가 있다. 침묵의 감정적인 반응에 따라 비언어적 의사소통에서 나타나는 것과 같이 상담사는 침묵의 일시적인 의미를 분석하고 그에 대한 내용을 이야기한다. 예를 들면, 상담사는 "말하기 어려운 문제를 가지고 있는 모양이지요?"라고 말할 수 있다. 만일 내담자가 어려운 상황에 처하여 이야기를 할 수 없다면, 상담사는 다음과 같은 말로 그 상황을 해석해 줄 수 있다. "아무 것도 느껴지는 것이 없는 모양이지요." 만일 침묵이 고집이나 내담자의 도전으로 간주될 때에는 "아마도 나에게 당신의 문제를 이야기하는 것에 대해서 불편한가 봐요?"라고 그 상황에 적당한 말을 한다.

상담 초심자들은 상담을 계속 진행시키려는 욕심으로 적합하지 않은 책임을 내담자에게 전가시킴으로서 침묵을 자극하는 상황이 일어날 수 있다. 예를 들면, 단답형과 같은 대답만을 할 수 있는 질문을 한다든지, 말을 계속 시키기 위해서 상담사 중심의 질문을 할 수도 있다. 그러한 질문은 내담자의 자발성을 제한시키고 분위기를 저해하기 때문에 지양하도록 하여야 한다. 상담사는 내담자의 마음을 열 수 있는 내담자 중심의 열린 질문을 하여야 한다. 이러한 질문을 할 때 내담자로 하여금, 억압된 미해결과제 또는 핵심감정을 이야기하게 되며, 올바른 방향으로 이끌어 나갈 수 있게 된다.

(3) 특이한 선입견과 경험

불평과 선입견의 주요 내용을 인식할 수 있게 하는 사고의 자율적인 흐름은 특별히 중요하다. 이러한 사고의 흐름은 "지금까지 아파 본 적이 있거나 문제를 가져 본 적이 있습니까?", "무엇이 저를 찾아오도록 했지요, 또는 누가 당신을 저에게 보냈지요?", "함께 지내는 사람과 어떤 어려움이 있었습니까?"와 같은 질문을 통해서 내담자가 가지고 있는 정신적인 문제의 요인과 실체를 찾아볼 수 있다. 질문은 필히 자연스러워야 하고 간단해야 하며, 내담자의 생각의 방향을 알아보는 것보다는 먼저 말을 할 수 있도록 하는 동기를 부여하는 것이 되어야 한다. 만일 내담자가 장황하게 말을 하거나 문제와 관련되지 않는 말을 할 때에는 상담사는 문제에 가까운 질문을 해서 그 문제와 직접 관련된 반응을 보이도록 해야 한다.

일단 상담을 하고자 하는 상담내용의 주제를 파악한 다음에는 조심스러운 질문을 통해서 자세한 정보를 사정할 수 있도록 해야 한다. 대체로 내담자가 육체적인 불평에 대해서 말을 할 때에는 가벼운 기분으로 말을 할 수 있지만, 심리적 혼란과 관련된 것을 말할 때에는 어려워하고 힘들어하는 경향이 있는데 가능한 한 이러한 어려움을 배제할 수 있는 편안한 상담 분위기를 조성해야 한다. 솔직하지 않은 말이나 암시적이고 어떠한 답을 끌어내기 위해서 조작적으로 만들어진 질문은 가능한 한 피해야 한다. 또한 어떤 특정한 어려움과 관련된 질문을 했을 때, 내담자가 그 질문을 적당히 얼버무리려고 하거나 분명치 않은 대답을 하지 않도록 상담 분위기를 조성해야 한다. 내담자의 가정환경에 대한 일반적인 상황이나 직장 또는 학교에 관한 질문을 했을 때에는 망상적인 사고를 동원하여 즉흥적으로 질문과 관련된 정서를 표현할 수 있다. 이러한 때의 상담사는 같은 내용의 질문을 다시 하거나, 아니면 다른 말로 다시 질문하여 보다 자세하고 현실적인 말을 할 수 있도록 해야 한다.

  망상은 사실이 아니고 믿는 것을 말하기 때문에 사실과는 거리가 멀다. 망상적인 말을 하려고 하는 내담자나 그러한 말을 하는데도 그대로 넘어가는 상담사는 내담자로 하여금 망상적인 사고에 의한 정서적 표현을 장려하는 결과를 초래할 수도 있다. 따라서 이러한 일들은 상담에 도움이 되지 않기 때문에 그러한 상황이 일어나지 않도록 주의해야 할 필요가 있다.

8) 직면

모든 형태의 원인론적 정신치료에서 기본적인 치료원리는 같다. 환자를 좀 더 좋은 환경 안에서 과거에 그가 처리할 수 없었던 정서적 상황들에 재노출시키는 것이다. 도움을 받기 위해서 환자는 반드시 이전 경험들의 그 외상성 영향을 수정하기에 적당한 교정적 정서경험을 겪어야 한다(Alexander & French, 1946).

(1) 직면의 이해

일반적으로 상담에서 새로운 통찰은 직면을 통해서 자각되기 때문에 어떤 기제들보다 직면이라는 상담기술의 사용은 효과적으로 변화를 가져오게 하는 동력이 된다. 따라서 상담에서 변화의 기제는 내담자의 직면이라고 볼 수 있다. 이러한 이유로 인해 직면 기술의 사용은 망설이고 주저할 것이 아니라, 긍정적인 측면이 더욱 강조되고 적극적으로 사용되어야 한다. 그러나 직면은 공감처럼 자주 사용하는 상담기술이 아니다. 왜냐면 직면의 과정에서 내담자에게 다른 심리적 문제를 발생시킬 수 있다는 지적이 있기 때문이다(전요섭, 2020).

심리치료에서 직면은 중요한 위치를 차지하고 있으며, 모든 심리치료 절차와 마찬가지로 현명하고 적절하게 사용되어야 한다. 직면은 특히 잘못 사용하면 부정적인 결과를 가져올 수 있는 절차이다. 이론적 배경이 다른 치료자들이 다양한 방식으로 직면을 사용할 수 있지만, 직면의 공통된 목적은 어떤 식으로든 환자에게 도전을 하는 것이다. 환자들은 문제가 있는 사람들인데다 일반적으로 자존감이 매우 낮기 때문에, 환자들에게 어떤 개인적인 결함을 직면시키는 것은 결코 가볍게 생각할 문제가 아니다. 결국 치료란 환자를 돕는 것이지 문제를 가중시키는 것이어서는 안 된다(권석만 외역, 2006).

직면은 내담자가 직면 기술에 대한 충분한 인식을 바탕으로 직면하기를 자발적으로 선택하는 것이다. 그리고 내담자의 자발적인 선택은 아프고 고통스럽지만, 자신을 변화시키려는 의지와 목적을 가지고 직면하기를 수용하여 직면의 과정을 겪어내는 것이다(박윤정, 2018).

상담사는 내담자의 긍정적 변화를 위하여 다양한 기법을 사용하게 되는 데 그 중 직면이 차지하는 비중이 크다. 그러나 상담과정에서 내담자는 자신이 가지고 있는 미해결과제나 현재의 삶에 부정적 영향을 미치는 트라우마(trauma)에 대하여 이해를 하지 못하거나 직면하는 것을 두려워할 수도 있다. 따라서 직면을 시키기 전에 내담자와 라포(rapport)가 잘 이루어져야 하며, 상담사에 대한 믿음과 신뢰가 형성된 뒤 시도하게 되면 그 효과성은 높게 나타난다.

(2) 직면의 정의

직면은 내담자가 스스로 인식하고 있지 못하거나 인정하기를 거부하는 생각이나 감정에 주의를 집중시키는 것이다(이장호 외, 2008). 직면은 내담자가 그 자신이나 상황에 대해서 설명한 것이 상담사가 본 것과 맞지 않을 때 이를 내담자에게 솔직하고 직접적으로 지적해 주는 것이다. 직면은 상담사가 주도한다. 직면은 내담자의 관점에 기초해서 단순한 설명을 하거나 해석하는 것이라기보다는 오히려 상담사가 자신의 관점을 표현하는 것이다. 직면은 내담자가 인정하지 않으려고 하는 강점이나 약점, 잘못된 정보나 정보의 부족, 하겠다고 한 것을 행동으로 옮기기 꺼려하는 것, 다른 관점을 보려고 하지 않는 것 등을 다룰 수 있다(노안영·송현종, 2007).

따라서 직면은 내담자 스스로 자기 말과 행동의 모순적인 면에 주의를 기울이게 만드는 기법이다. 상담사는 내담자가 자신의 모순을 되돌아볼 수 있도록 하여야 하며, 이를 통해 내담자는 자기 행동에 대한 인식을 높일 수 있게 된다.

(3) 직면의 내용

적절한 직면은 성장을 촉진시키며, 솔직한 자기점검을 한다. 직면을 하지 않아서 내담자의 삶을 어려움에 빠트리는 상담사가 있다. 내담자의 행동에 대해 직면을 회피하는 것은 비효과적인 상담을 하고 있다는 의미이다(Rosen & Tesser, 1970). 직면을 하기 위해서는 내담자가 직면을 수용할 만큼 상담관계가 굳건한지와 상담사는 직면을 왜 하는지에 대한 분명한 의도를 갖고 적절한 타이밍을 고려해야 한다(Cavanagh, 1982).

직면은 내담자가 자신의 경험을 일부로 지각하기를 두려워하거나 거부하는 어떤 측면에 주의를 돌리도록 하는 것이다. 상담사의 직면은 내담자를 배려하는 상호 신뢰의 맥락에서 행해져야 하며, 결코 내담자에 대한 좌절과 분노를 표현하는 수단으로 사용되어서는 안 된다. 상담사는 다음과 같은 상황에서 직면시킬 수 있다(이장호 외, 2008).

첫째, 상담사는 내담자 스스로 깨닫지 못하고 있지만 그의 말이나 행동에서 어떤 불일치가 발견된다면 그것을 지적할 수 있다.

둘째, 상담사는 내담자에게 자신의 욕구에 의해서만 상황을 바라볼 것이 아니라 상황을 있는 그대로 볼 수 있도록 직면을 사용할 수 있다. 상담사는 직면을 통해 내담자에게 그가 경험하고 있는 상황에 대한 대안적인 참조의 틀을 가지게 함으로써 기존 경험상의 왜곡을 해소하도록 할 수 있다.

셋째, 상담사는 내담자가 상담에서 어떤 화제를 피하거나 다른 사람의 의견이나 생각, 느낌 등을 받아들이려 하지 않을 때 이를 내담자에게 이해시키기 위하여 직면을 사용할 수 있다.

직면을 사용할 때 주의해야 할 점은 단순히 내담자의 부정적 측면에 초점을 맞추거나 내담자 자신의 한계를 깨닫도록 하는 것이 목적의 전부가 아니다. 직면은 내담자가 미처 깨닫지 못했거나 사용하지 않는 능력과 자원을 지적하여 주목하게 해주는 것도 포함된다(이장호 외, 2008).

상담사는 내담자와 관계형성이 잘 이루어지고 상담에 대한 믿음과 신뢰가 형성되었을 때, 내담자의 삶의 질을 떨어뜨리는 원인에 대해 직면을 시켜야 한다. 이를 통해 둔감화와 자각 그리고 통찰을 통한 긍정적 변화를 이끌어 내어야 한다. 그러나 직면을 시켜야 할 상황에서 직면을 못 시키는 상담사가 있는데 이는 두 가지 요인으로 살펴볼 수가 있다.

첫째, 상담사가 직면에 대한 전문지식이 없어서 어떻게 적용하여야 하는지 모르는 것이다.

둘째, 상담사가 직면을 회피하는 것인데 이는 상담사의 미해결과제인 걸림 즉, 역전이가 일어나는 것을 두려워하기 때문이다.

따라서 직면을 시켜야 할 때 직면을 시키지 않게 되면 내담자의 심리적·정서적·정신적 어려움의 원인인 미해결과제를 다루지 못하게 된다. 이러한 상담은 내담자가 기대했던 상담에 대한 욕구를 충족시켜주지 못하고, 상담의 효과 역시 이끌어 내기 어렵게 된다. 상담사가 직면의 활용방법을 모르거나 역전이가 일어난다면 이를 해결하여야 한다. 특히 역전이가 일어나게 되면 내담자는 보이지 않기 때문이다.

9) 둔감화

(1) 둔감화의 이해

둔감화는 매우 강하게 나타나는 공포와 불안으로부터 내담자를 면역시키고자 하는 것이다. 상담사는 내담자가 놀라거나 불안했던 상황을 회상할 때 일어나는 긴장된 신체적 감각에 대처하기 위한 방법으로서 내담자의 이완된 신체상태를 이용한다(노안영·송현종, 2007). 또한 둔감화는 강한 정서를 한 번에 발산하는 정화(catharsis)에 비해서 일정 기간에 걸쳐 진행되고, 덜 극적이라는 특징을 가지고 있다(김춘경 외, 2016).

상담에서 내담자가 자신에 대해 집중하는 것은 상담의 필수적인 요소이다. 둔해지고 너그러워진다는 것은 자신의 증상에 대해서 말하는 것이다. '둔해진다'는 것의 본질은 어떤 문제에 대해 덜 민감하게 되는 것을 말한다. 즉, 이전에는 고통스러웠던 요소가 조금 덜 괴롭게 되고, 이를 받아들일 수 있게 되는 것이다. 상담사는 내담자가 굉장히 괴롭고 고통스러웠던 것을 덜 괴롭고 덜 고통스럽게 해 줄 수 있어야 한다. 대체로 내담자가 상담 장면에서 차분히 상담사와 함께 이야기하다 보면 이런 경험을 하게 된다. 내담자는 매우 힘들고 고통스러움을 토로하는데, 상담사가 이를 담담히 받아들일 때 내담자는 자신의 고통도 받아들일 수 있는 것이고, 극복할 수 있는 것이라는 느낌을 받게 된다. 즉, 조금씩 둔해지는 것이다. 반대로 내담자의 혼란스러움에 대해 상담사 역시 당황하여 혼란스러움을 느끼게 된다면 내담자는 자신의 고통은 상담사조차 어떻게 할 수 없는 것이라고 느끼게 될 것이고, 결국 자신의 증상에 대해 더 예민하게 느끼게 된다(김환·이장호, 2009).

둔감화는 내담자의 미해결과제 또는 심리적·정서적·정신적 어려움으로 인하여 현재 삶에 부정적 영향을 주는 요인을 치료과정에서 상담사가 반복적으로 다룸으로써 서서히 고통을 완화시켜주는 기법이다. 정신분석에서는 내담자의 액팅 아웃(acting out)을 미성숙한 방어기제로 분류한다. 내담자가 고통스러운 감정과 불편한 충동을 자기도 모르는 사이에 유해한 행동으로 표출시키는 대신, 의식으로 끌어올려 그와 관련된 기억을 떠올리고 말로 표현하도록 한다.

둔감화를 심리치료 과정에서 적용하면, 내담자가 일정 기간 자신의 어려움을 논의하고 자신의 문제를 상담사와 공유해 나감에 따라 처음 느껬던 문제의 심각성이나 어려움이 점차 줄어든다. 내담자는 심리치료 회기 중에 자신의 문제를 상담사에게 이야기하고, 긍정적 변화와 치유를 모색하는 과정에서 현실을 직시하고 자신의 문제를 객관적으로 바라본다. 자신의 문제에 대해 반복적으로 상담사와 논의함으로써 미해결과제로 인한 고통이 점차 완화하게 된다.

상담사는 내담자의 치유를 위하여 핵심감정에 의도적으로 직면시킨다. 이러한 상황에 처한 내담자는 역동이 올라오게 되며, 액팅 아웃을 할 수도 있다. 역동이 처음 올라올 때에는 심적 고통으로 인하여 얼굴 표정이 바뀌면서 화를 내며, 소리를 지르거나 대성통곡 또는 눈물을 흘리는 경우도 있다. 이러한 행동을 상담사는 관찰하면서 바라보고 견디어야 한다. 상담사는 내담자가 화를 낸다고 같이 화를 내거나 운다고 같이 우는 우(愚)를 범하면 안 된다. 상담사는 내담자의 긍정적 변화와 치유를 위하여 다음 회기에 의도적으로 그 문제에 다시 직면시킨다. 내담자는 또 다시 역동이 일어나 화를 내거나 큰소리로 울게 된다. 이를 반복하다 보면 내담자는 어느 사이 역동이 일어나지 않고, 편하게 이야기할 때가 온다. 이러한 시기가 오게 되면 내담자는 긍정적 변화가 나타나며 이를 심리적 면역이 형성되었다고 본다. 하나의 문제가 치유가 되면 이와 같은 방법으로 또 다른 미해결과제를 다루게 된다.

둔감화와 함께 사용되는 용어로 체계적 둔감화 역시 상담 장면에서 상담사가 활용하는 기법 중의 하나이다. 이 기법은 특정 취약성의 자극에 대한 반응이 점점 감소되는 것을 의미하는데, 특정 상황에 대한 불안이나 공포를 나타내는 사람에게 내담자의 치유를 위해 의도적으로 반복적 노출을 함으로써 자극에 대한 반응이 둔화되도록 하는 것이다.

(2) 체계적 둔감화

체계적 둔감화는 상호 보완적인 억제를 통하여 불안이 비조건화 되도록 하는 것이다. 체계적 둔감화는 불안이 감소하는데 있어서 상당히 강력한 기법이다. 또한 두려워하는 대상이나 상황에 점진적으로 접근하는 실제적 훈련에 적용할 때 훨씬 더 효과적이다(김유숙, 2005). 체계적 둔감화는 울페(Wolpe)가 개발한 불안감소법으로 고전적 조건형성의 원리에 기초하는데, 내담자의 심각한 공포나 불안수준을 둔감화하기 위해 역조건 형성을 사용한다. 이 방법은 내담자가 상황에 대처하거나 바람직한 반응을 수행할 수 있는 충분한 기술이 있는 경우, 또는 원하는 반응을 수행하지만 그렇게 행동하기를 회피하거나 불안과 그에 따른 각성으로 인한 수행이 훨씬 저조한 경우에 특히 유용하다(김춘경 외, 2016).

체계적 둔감화는 특정한 상황이나 상상에 형성된 불안반응을 극복하도록 할 때 가치 있는 방법이다. 그리고 상상으로 극복한 불안을 실생활에서 처해보는 단계적인 훈련을 병용하면 더욱 효과적이다. 이 방법은 대인관계 불안, 시험 불안, 신경증적 불안, 광장 공포증, 일반 공포증 등을 제거하는 데 매우 효과적이다(권육상, 2003).

치료과정은 우선 가장 약한 불안 야기 자극에서부터 가장 강한 불안 자극까지 순서대로 자극항목을 나열한다. 치료자는 불안 위계 항목을 작성하기 전에 내담자로 하여금 불안을 일으키게 하는 상황을 찾아낸다. 이를 근거로 해서 치료자는 내담자와 면담을 통해서 빠진 것이 없는지를 상세하게 검토하여 보충한다. 그리고 나서 심상(image)이나 약물에 의해 유도되는 긴장이완 상태에서 불안 위계 상황을 상상하게 함으로써 내담자의 불안을 감소시켜 더 이상 강박적 의례가 필요 없다는 것을 학습시킨다. 일단 불안 위계 목록이 작성되면 내담자의 상상력을 확인해 볼 필요가 있다. 그리고 난 다음에 근육이완 훈련을 실시하고 이 연습이 끝나갈 무렵 내담자로 하여금 불안을 일으키지 않는 몇 가지 상황을 상상해 보도록 한다. 그 다음에는 환자의 과거경험에서 가장 유쾌하고 즐거웠던 상황을 상상해 보게 한다. 이 경험이 어떤 것인가에 대해 치료자가 꼭 알아야 할 필요는 없으며, 내담자가 무엇이든지 자유롭게 상상할 수 있음을 밝혀야 한다. 이 단계가 끝나면 내담자에게 긴장 이완, 중립적 상황, 유쾌한 경험의 상상을 얼마나 잘 할 수 있었는지를 물어보라. 이 세 가지 조건이 다 만족스럽다고 판단되면 체계적 둔감화가 시작된다(이민규 외, 2003).

따라서 체계적 둔감화는 이전에 특정 상황에 심하게 불안이나 공포를 경험한 내담자에게 그 상황이 역동을 일으키지 않고 편안하게 느낄 수 있도록 만드는 심리치료의 일환으로 그 상황에 단계적으로 노출시켜 심리적·정서적 반응을 둔감화시키는 방법이다.

10) 자각

(1) 자각의 이해

자각이란 현실을 판단하여 자기의 입장이나 능력 따위를 스스로 깨달음이며, 자기의식이라고도 한다. 자각은 순간적으로 통찰력이 생겨 이루어질 수 있고, 점진적으로 이루어질 수 있으며, 인간이 자신의 형편이나 처지, 능력 따위를 스스로 깨닫는 것을 의미한다. 자각을 하기 위해서는 자기의 경험이나 행위에 대한 철저한 반성이 필요하다. 자각의 경험은 그 순간 자신에게 일어나는 상황을 깨닫고 수용하는 것이다. 깊이 있는 성찰을 위한 기반이 되는 자기자각은 상담과정에 있어서 매우 생산적인 영향을 주는 중요한 요소이다. 상담사가 회기 내에 이루어지는 자신의 내면과정과 외적행동에 대해 민감하게 알아차릴 수 있는 능력을 가진다는 것은 효과적인 상담과정을 이끌어 가는 데 있어서 필수적인 요소가 될 수 있다.

(2) 상담사의 자각

상담사가 되어 상담관계로부터 얻고자 하는 것은 사람들마다 차이가 있다. 어떤 사람들은 일상적인 대인관계에서는 얻을 수 없는 타인과의 친밀한 접촉을 상담관계에서 얻고자 할지도 모른다. 어떤 사람은 다른 사람을 도와줌으로써 자신의 유능함을 인정받고 싶어 할지도 모른다. 다른 사람들을 돕는 이유가 무엇이든 간에, 상담사는 자신이 타인을 도와주려 하는 근본적 이유를 자각하고 수용함으로써 상담관계를 향상시키고 상담과정의 효율성을 높여야 한다. 자신의 욕구와 동기를 발견하기 위해서 상담사는 스스로 자신과 타인에 대한 생각이나 자기탐구의 의지를 꾸준히 점검해야 한다(노안영·송현종, 2007).

상담사가 자신을 상담과정에서 효율적인 도구로서 잘 활용하려면 상담의 순간순간마다 스스로에 대한 자기자각에 민감할 필요가 있다. 이렇게 자기자각 능력이 높은 상담사라면 상담과정에서 역전이 현상이 일어날 때 현명하게 대처하여 더욱 심층적인 상담과정을 진행할 수 있게 될 것이다. 상담사는 내담자의 준거틀을 비판단적으로 이해하려고 애쓰고, 그 이해된 내용을 내담자에게 전달하려고 하는 것이다. 따라서 내담자를 이해하는 과정에서 스스로에게 일어나는 생각과 감정을 명확하게 자각하고 파악할 수 있는 것이 자기자각 능력이다. 또한 자기자각은 역전이 문제를 해결하기 위한 가장 기본적인 방법이며 태도이다. 상담과정 내 자각이 상담과정에 미치는 연구에서 상담사들이 자각을 많이 했다고 생각할수록, 상담에 도움이 되었다(박정민, 2006).

상담사의 자각은 전문상담사로 성장하기 위하여 거쳐야 할 과정이라고 본다. 초심자는 내담자와의 상담과정에서 지속적인 자각과 통찰을 경험하여야 한다. 이러한 경험이 많을수록 상담의 깊이가 더해지고 역량이 강화되어 바람직한 상담사로 자리매김을 하게 될 것이다.

11) 통찰

(1) 통찰의 이해

통찰이란 반복적 패턴을 알고 그리고 연쇄 고리가 이전의 반복 때문이라는 것이 마음에 떠오르는 것을 알게 되는 것이다. 의식적 통찰은 새로운 결정을 촉진할 수 있고 도식들을 조화시키도록 돕는다. 따라서 통찰은 어떤 패턴이 다른 패턴과 어떻게 연결되는지에 대한 인식과 함께 더욱 확장된다. 사람들은 현재의 경험이 자신의 이전 경험들과 어떻게 다른지 알아차리게 된다. 그리고 왜 그러한 다양한 일들이 일어났는지에 대한 통찰을 얻게 된다(김영혜·이혜성, 2002).

상담에서 문제가 해결되는 원리 중 가장 먼저 언급할 수 있는 것이 깨달음이다. 이를 다른 말로 하면 '통찰'이라 할 수 있는데 '통찰은 자신의 문제가 왜 생겨났는지에 대해 이해하면서 자신에 대한 자각을 넓히게 되는 것'을 말한다. 통찰이 중요한 이유는 사람이란 자신에게 어떤 일이 일어나고 있는지 알고 싶고, 또 그것을 아는 것은 자기의 문제해결과 직결되기 때문이다. 사람은 자신의 행동이나 감정의 원인을 알게 될 때 자신을 더 잘 다룰 수 있게 된다(김환·이장호, 2009).

따라서 심리상담의 통찰은 내담자 자신이 가지고 있는 증상과 상황에 대한 심각성을 얼마만큼 정확하게 이해하고 인식하고 있는지에 대해 알아보는 것이다. 내담자가 마음의 병에 대해 알고 있거나 알지 못하더라도, 그 자신의 전체 상황에 대해서 어떤 특정한 해석을 어떻게 하는가를 말하는 것이다. 상담사는 내담자에게 그가 앓고 있는 질환에 대해 갖게 된 원인을 어떻게 생각하고 있는지, 그가 말한 것이 사실이라고 생각하는지에 대해 사정한다.

(2) 통찰의 정의

통찰은 주어진 문제에 대한 독특한 해결책을 찾을 때 일어나며, 독특한 해결책은 서로 무관한 것처럼 보이는 여러 가지 사실과 정보 사이에서 새로운 관계를 찾아냄으로써 발견된다. 통찰은 갑작스런 깨달음 즉, 통찰의 순간은 대개 "아"라는 느낌으로 표출되는 놀라움을 유발하기도 한다(박권생, 2005). 통찰은 첫째, 문제해결적 학습상황에서 관계성의 이해를 바탕으로 한 갑작스런 해결이다. 둘째, 내담자가 의식하지 못했거나 잘 모르던 동기, 관계, 느낌, 충동 등을 깨닫게 되는 것이다. 내담자에게 자신의 문제를 통찰하게 함으로써 치료적 효과를 보는 것을 통찰치료라 한다(이장호 외, 2008). 상담에서의 통찰이란 심리적·정서적·정신적 어려움 또는 새로운 상황에 직면했을 때, 과거의 경험에 의존하지 않고 그 문제와 관련시켜 전체 상황을 다시 파악함으로써 문제 해결을 위한 깨달음의 변화이다.

(3) 통찰의 내용

정신분석치료는 자기 지각을 높이기 위해 통찰을 이용하며, 정서왜곡을 줄임으로써 자신의 동기와 반응에 대한 정확한 지각과 이에 따른 외부세계에 대한 정확한 지각을 촉진시킨다. 이러한 통찰은 자아 내에서 자기 지각과 다른 자아기능과의 통합이 충분히 일어날 수 있게 해준다 (이근후 외역, 1999). 통찰이 중요한 것은 첫째, 이전에는 부정하였던 의존적인 갈망에 대하여 환자가 새로운 내성을 획득하였다는 것을 나타내기 때문이다. 둘째, 새로이 획득한 통찰은 나중에 보다 덜 우호적인 외부환경이 그의 갈등을 재현시킬 때조차도 치료적 호전의 근거가 되는 의존적 갈망에 대한 내성을 보다 안정화시키고 영구적인 것으로 만드는 경향이 있기 때문이다(Alexander & French, 1946).

내담자는 그 자신이 가지고 있는 질환에 대해서 통찰하지 않을 수도 있고, 그 자신이 정신적인 질환을 앓고 있다는 사실을 모를 수도 있다. 또한 마음의 병이 어떤 질환인가에 대한 의미를 모를 수도 있고, 이에 대한 죄의식을 표현하지 못할 수도 있다. 이러한 내담자에게 심인성 원인의 인식이 가능하도록 하는 것이 통찰이다. 경우에 따라서는 통찰이 아주 어려울 때도 있다. 이러한 통찰은 내담자의 긍정적 변화와 치유를 위하여 중요한 부분이므로, 내담자가 병의 원인을 확인할 수 있을 때까지 지속적으로 해야 할 필요가 있다.

12) 과제부여

(1) 과제부여의 이해
과제부여기법은 내담자의 문제해결을 위하여 치료자가 특정한 과제를 개발하여 내담자에게 이를 부과하고 이행하도록 하게 함으로써, 내담자가 성공감을 맛보게 하고 새로운 일에 대한 자신감을 갖고 도전할 수 있도록 하는 기법이다(김동배·권중돈, 2000). 과제의 형태는 다양하며 치료자의 창의성이 중요하다. 치료자는 어떤 과제가 유용하고 어느 정도의 양이 적당한지를 결정 내려야 한다. 심리치료에서 과제 부여가 보다 중요한 역할을 하는 이유 중 하나는, 이것이 치료실 밖에서 일어나는 실제 일상 행동과 연결되어 있다는 점이다. 그 결과, 과제부여를 통해 변화가 얻어졌을 때 그것이 일반화되는 효과는 다른 경우보다 더 클 것이다. 또한 내담자에게 의미 있는 변화가 가능하다는 것과 심리치료가 단지 말(talk)로 하는 것 이상이라는 것을 보여줄 수 있다(권석만 외 공역, 2006).

어떤 이론적 접근법을 공부한 상담사라 할지라도 필요에 따라 내담자에게 적절한 과제를 부여할 수 있다. 과제는 다양한 형태로 부여할 수 있으며, 상담의 진행 중 필요한 시기에 부여할 수 있다(김환·이장호, 2009). 내담자의 긍정적 변화와 상담목표의 달성을 위해 과제부여기법의 활용은 중요하다. 과제부여 후 상담사는 차기 상담 때 내담자에게 과제 이행 여부를 확인하여야 한다. 여기서 과제의 성공 여부만을 점검하는 것이 아니고 수행과정에 있어서 어떤 느낌과 경험을 하였는지 물어보는 것이 중요하다. 이 과정에서 내담자의 생각과 행동 양상이 드러나기 때문이다. 또한 과제부여는 내담자의 복리에 도움이 되어야 하며 내담자 중심의 상담을 위한 과제가 되어야 한다. 따라서 내담자가 과제 수행에 어려움을 느끼거나 거부하면 과제부여를 중지하여야 하며, 추후 과제부여가 내담자의 변화와 치유를 위해 필요하다면 다시 한 번 권하는 것이 바람직하다(임향빈, 2018). 상담에서 과제부여의 역할은 상담실 밖에서 일어나는 일상행동과 연결되어 있기 때문이다. 이는 과제부여를 통해 변화가 얻어졌을 때 상담의 효과가 크며, 의미 있는 변화가 가능하기 때문이다.

(2) 과제의 기능

과제의 가장 중요한 기능은 실생활의 여러 상황에서 일어나는 문제들을 다루기 위한 능력을 쌓는 것이다. 또한 과제는 매 회기 일상적인 문제를 제공해 주고 회기와 회기를 연결하는 역할을 함으로써 치료의 구조화에 활용된다. 과제가 잘 수행되었을 경우 치료자는 회기 중에 내담자가 학습한 것을 강화시킨다. 과제를 수행하며 든 생각이나 문제는 다음 회기에서 다룰 새로운 문제로 등장할 수 있다. 과제가 잘 수행되지 못했을 때에는 왜 과제를 하지 않았는지, 또는 왜 과제가 계획대로 되지 않았는지 그 이유를 탐색하는 것이 도움이 된다(김정민 역, 2009). 또한 과제의 중요한 기능은 실생활의 여러 상황에서 일어나는 문제들을 다루기 위한 심리치료 과정이다. 과제를 주는 것은 다양한 문제와 관련해서 사용할 수 있다. 그러나 과제를 실시하는 것이 본질적으로 학습과정을 포함해야 한다. 상담사는 어떤 과제가 유용하고, 어느 정도의 양이 적당한지를 결정한다. 또한 과제를 수행할 때 경험한 어려움을 탐색한다(임향빈, 2014).

성공적인 과제수행은 치료 속도를 높이고, 성취감을 증대시키며 기분의 호전을 가져온다. 따라서 과제가 성공적으로 수행될 확률을 극대화시킬 수 있도록 치료자는 신중하게 과제를 고려해야한다. 치료자는 미리 정해져 있는 형태에 맞추어 과제를 제시하기보다는 환자의 특성과 희망을 감안해서 과제를 정해야 한다. 과제를 정하기 전에 있을 수 있는 잠재적인 어려움에 대하여 예상해 보는 것이 중요하다(최영희·이정흠 공역, 1997).

이와 같이 과제부여는 내담자의 긍정적 변화와 치유를 위하여 직면, 둔감화, 자각, 통찰 등과 같이 상담에서 중요한 부분을 차지한다. 상담사가 제시한 과제는 내담자의 동의하에 문제해결을 위한 구체적인 행동과제를 정하고 내담자로 하여금 과제를 수행하게 된다. 내담자는 상담실 밖에서 상담사가 제시한 과제를 이행하게 되며, 이는 상담이 말로 끝나지 않고 행동으로 이어지게 되는 것을 예측할 수 있다.

Ⅲ. 종결기

1. 종결상담의 이해

  종결은 상담 부분에서 중요한 부분이므로 계획적이고 기술적으로 다루어야 하며, 상담사는 내담자가 갖는 심리·정서적 요인을 고려하여 신중하게 계획하여야 한다. 상담사는 종결에 대한 방어에 관한 정보를 얻기 위한 방법으로 종결이 다가오고 있음을 언급해야 하며, 명료화, 지지, 격려 등을 통해 중심 문제를 다루게 된다. 상담기간 중 내담자는 상담사에게 의존하게 되며, 종결에 대한 아쉬움과 이별과 분리에 관한 정서를 경험하게 된다. 따라서 상담사는 내담자에게 종결 몇 회기 전에 종결에 대한 고지를 하여야 하며 애도기간을 가져야 한다(이근후 외역, 1992).

  적절하게 종결된 상담은 단지 내담자에게 새로운 기술을 제공하거나 자기 이해의 새로운 방식을 제공하는 차원을 넘어 내담자가 더 이상 자신의 문제에 얽매이지 않고 주변 환경과 원만하게 소통할 수 있는 능력이 있음을 깨닫게 해 주는 시간이 된다. 외적 상황을 적절하게 다룰 수 있게 되면 보다 상호 의존적 관계가 가능해진다. 문제를 성공적으로 해결하게 된 내담자는 새롭게 획득한 통찰과 능력을 자신의 기억 속에 저장하고 앞으로의 생활 속에서 종종 회상하고 활용할 것이다(김춘경 외, 2010).

일반적으로 내담자의 심리적·정서적·정신적 어려움이 긍정적 변화 또는 치유가 되어 더 이상 상담에 의존하지 않게 되었을 때 종결을 하게 된다. 이와 함께 내담자가 기대한 상담욕구가 충족되지 않아 실망하게 되었을 때, 또는 상담기간, 상담비 등에 대한 부담감으로 종결하기도 한다. 이와 더불어 상담사의 이직, 역전이, 내담자에 대한 부담감 등으로 인하여 종결될 수도 있다. 그러나 상담기간에 내담자는 상담사를 의지하며, 자신의 병리증상이나 미해결과제 또는 남들에게 이야기하기 어려웠던 속마음을 이야기하게 되며, 심리적·정서적으로 의존하게 된다. 단기상담에서는 기간이 짧기에 장기상담보다는 상담사에게 의존하는 부분이 약하기는 하지만 준비되지 않은 이별은 내담자의 상황에 따라 분리 또는 격리불안을 느낄 수도 있다. 따라서 상담이 종결기에 접어들게 되면 내담자에게 이별에 대한 애도기간을 갖게 하여야 한다.

이와 같이 상담의 종결은 초기에 내담자와 상담사는 상담이 언제 어떻게 끝마쳐질 것인가에 대하여 적어도 잠정적인 이해에 도달하여야 한다. 종결단계의 경우 내담자와 합의된 종결 계획을 수립하고, 상담사와 내담자가 종결에 대해서 어떠한 느낌과 생각을 갖는지 점검하며, 상담을 통하여 얻은 변화는 무엇이며, 앞으로 문제 해결을 위해 어떤 노력을 할지에 대해 논의한다. 또한 마지막 회차에는 처음 상담 받으러 왔을 때의 문제를 검토하고 그 문제를 해결하며 극복하기까지 어떤 노력을 기울였는지 그리고 어떤 변화가 있었는지 살펴본다. 또한 내담자에게 앞으로도 다양한 문제가 있을 수 있다는 것과 자신의 의지로 이겨낼 수 있다는 것을 다짐하도록 하여야 한다.

2. 주요 치유적 활동 및 요소

1) 삶의 질 향상

　인간은 행복한 삶을 추구하기 위하여 저마다 노력하게 된다. 그러나 삶의 여정은 때에 따라서는 본인의 의지와 관계없이 흘러갈 때가 있다. 폭풍우 속에 한치 앞도 예측할 수 없는 나룻배와 같은 상황에 마주치게 되거나, 칠흑같이 어두워 앞이 안 보이는 캄캄한 터널 속을 걷는다든지, 절벽 위에 올라서서 한 발짝도 옮길 수 없는 어려운 처지에 놓일 수도 있다.

　이러한 상황에 대처하는 방법은 저마다 다를 수밖에 없다. 부정적인 사람들은 고통의 무게를 감당하기 어려워 헤쳐 나아가기를 포기하고 주저앉아 자신의 처지를 비관하기도 한다. 그러나 긍정적인 사람들은 앞으로 얼마나 좋은 일들이 다가오려고 이러한 일들이 나한테 생기게 되었을까? 생각하고 희망의 끈을 놓지 않고 헤쳐 나가는 사람들도 있다. 사람은 생각하는 대로 이루어진다. 부정적인 생각을 하면 부정적인 그림이 완성되고, 긍정적인 생각을 하면 긍정적인 그림이 완성된다.

(1) 행복의 공간

　행복이란 일반적으로 고통이 없는 것, 또는 생활에서 충분한 만족과 기쁨을 느끼어 흐뭇함 또는 그러한 상태라고 한다. 행복하게 사는 사람들의 다수의 공통점은 세 가지 공간을 가지고 있는데 그 내용은 다음과 같다.

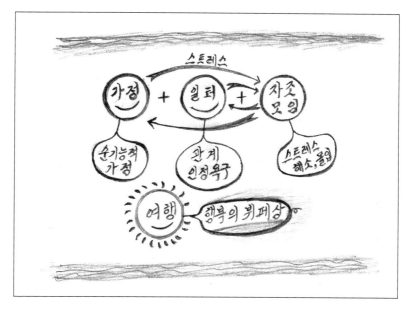

[그림 6] 행복의 공간

① 첫 번째 공간

첫 번째 공간은 가정이다. 행복의 공간으로서 가정은 역기능적 공간이 아니라 순기능적 공간이다. 역기능적이란 가족구성원이 비난과 갈등으로 마음에 상처를 주고, 가족구성원 모두 따로따로 행동하는 것을 말한다. 순기능적이란 부부체계가 잘 이루어지고, 부모와 자녀간의 체계가 잘 이루어져 기능적 역할을 하는 것을 의미한다.

김유숙(2005)에 의하면 순기능적 가족의 특징은 다음과 같다. 첫째,

하위체계의 경계선이 명확하지만, 이것은 가족의 요구에 따라 변할 수 있다. 둘째, 가족규칙이 명확하며, 공평하게 이루어진다. 또한 규칙은 가족상황에 따라 변할 수 있다. 셋째, 가족성원은 자신들의 역할을 명확히 이해한다. 넷째, 각 개인의 자율성이 존중되면서도 전체로서의 가족이 유지된다. 다섯째, 의사소통은 자유롭고 명확하며 직접적이다(김유숙, 2005).

역기능적 가족의 특징은 다음과 같다. 첫째, 하위체계의 경계선이 경직되거나 혼란되어 있으며, 가족의 요구에도 변화하지 않는다. 둘째, 가족규칙이 명확하지 않으며, 경직되어 있다. 또한 가족의 행동이나 방법에 규칙을 가지고 있지 않다. 셋째, 역할은 경직되거나 명확하지 않아서 가족성원은 자신에게 요구되는 기대가 무엇인지 잘 알지 못한다. 넷째, 개인의 자율성은 가족 전체를 위해 희생되거나, 반대로 가족이 통합되지 못해 지나친 자율성이 요구된다. 다섯째, 의사소통은 애매하고 간접적이고 권위적이다(김유숙, 2005).

부모-자녀 간 의사소통은 자녀의 심리사회적 특성에도 중요한 영향을 미친다. 자녀의 자아 존중감, 학습동기와 성취에 영향을 끼치며 사회화 및 성숙에도 중요한 역할을 담당하고 있다. 이러한 부모-자녀 간 의사소통이 기능적일 때 가정 내에서 원만한 정보교환과 이해가 가능해져 감정을 정화하게 된다. 이러한 경험은 자녀들에게 자신감과 안정감을 주게 되어 자신의 역할 조망 및 자아정체감 형성과 도덕성 발달 등 인성발달과 행동발달의 성장에 결정적으로 영향을 미친다(오윤선, 2008).

순기능적 가정은 가족구성원들이 기능적으로 활동하며, 서로 간의 지지, 격려, 공감, 배려 등을 잘한다. 이러한 가족은 평소에 믿음과 신뢰가 형성되고 긍정적 대화와 인정욕구를 충족시켜주고자 각자 노력한다. 또한 투사가 줄어들게 되며, 각 구성원의 내면 안에 양가감정이 통합되어 긍정적 사고를 하게 된다.

② 두 번째 공간

두 번째 공간은 일터이다. 일을 통해서 수입이 생기는 것은 기본적이고, 이보다 더 중요한 것은 소속된 곳에서의 구성원들과의 기능적 관계와 인정욕구이다. 일터 안에서 관계하는 사람들로부터 우리 조직에 꼭 필요한 사람이며, 없어서는 안 될 사람이라고 칭찬과 인정을 받으면 더 잘하려고 노력을 하게 된다. 그러나 주변 사람들로부터 인정을 받지 못하고 감정의 쓰레기통이 된다면 그 조직에 몸담을 수 없는 상황에 이르게 된다. 사람들이 이직을 하는 이유는 일이 힘들어서라기보다 주변 사람들과의 관계가 어려워서 이직을 하는 경우가 더 많다.

이정은(2005)에 의하면 인정 욕구는 자연적 욕구만큼이나 강렬하고 중요하기 때문에 타인에게서 인정받지 못하면 누구나 그만큼 괴로워한다. 인간은 자신의 고유하고 특수한 의지, 자신의 생각, 계획, 가치관 모두에서 타인의 인정을 받고 싶어 한다. 타인에게서 자신의 욕구를 인정받으려는 것은 자신의 존재 가치 및 존엄성을 인정받고자 하는 욕구로 귀착된다(이정은, 2005).

인정욕구는 더 나은 나의 모습을 갖추기 위한 기본적 욕구로서 관계 맺는 사람들로부터 인정욕구가 충족되지 않으면 때에 따라서는 화와 분노가 유발되고 좌절감에 처하기도 한다. 특히 자기에게 중요한 사람으로부터의 인정은 자기를 한 차원 더 나은 삶으로 이끌어 주는 원동력이 되며, 삶의 질이 높아지기도 한다.

③ 세 번째 공간

세 번째 공간은 자조모임이다. 자조모임에는 참여하거나 나오는 것에 격식이 없어야 하고, 몰입이 잘되어야 한다. 또한 먹거리가 있고, 격식을 갖추지 않은 편안한 상태에서 자연스런 이야기를 나눌 수 있는 곳을 의미한다. 예를 들면, 달리기를 좋아하면 마라톤 동호회, 축구를 좋아하면 축구 동호회, 등산을 좋아하면 등산 동호회, 또는 동네 아주머니 수다방 모임 등이다. 그러나 비건전한 자조모임은 바람직하지 않다. 예를 들면, 도박모임 같은 것은 몰입은 잘되지만 자신뿐만 아니라 주변 사람들까지 어렵게 만든다. 따라서 여기서 말하는 자조모임은 건전한 모임의 공간이다.

이러한 자조모임이 중요한 것은 가정에서 쌓인 스트레스를 자조모임에서 풀고 난 후 가정으로 돌아가고, 일터에서 쌓인 스트레스를 자조모임을 통해서 해소하고 일터로 돌아가고, 항상 스트레스 해소 공간이 있기에 삶의 질이 높아지는 것이다.

이와 더불어 행복의 잔칫상이 있는데 이는 여행이다. 여행을 떠나기 위해서는 일상사를 놓고 떠나야 하고, 여행을 가고 안 가고는 스스로 정할 수 있다. 현지에 도착하면 그곳 음식을 먹을 수 있고 수다도 떨며 격식을 가리지 않고 편하게 이야기도 할 수 있다. 경제적 여유가 있으면 해외여행을 다녀오는 것도 좋고, 경제적 여유가 없다면 떠나고자 하는 마음과 시간이 있으면 된다. 대중교통을 이용하여 일상사를 벗어나 산이나 계곡 또는 바닷가에 갈 수가 있다. 따라서 행복의 공간인 순기능적 가정과 인정욕구가 충족되는 일터, 스트레스가 해소되는 자조모임 그리고 행복의 잔칫상인 여행을 통하여 삶의 질을 향상 시켰으면 좋겠다.

2) 애도기간

치료의 종결은 가족구성원에게 있어서 중대한 정서적 의미를 가지게 된다. 이것은 의식적으로나 무의식적으로도 옛날의 분리나 상실을 상기시키는 것인지도 모른다. 치료자가 어떻게 다루느냐에 따라 때로는 가족이 거부로 받아들여 사랑하는 사람의 죽음처럼 느낄 수도 있다. 그와는 반대로 가족의 새로운 성취를 축하하는 것으로 받아들여질 수 있다. 그러므로 치료자는 어떤 경우에는 종결이 가족에게 곤란한 것으로 받아들여질 수 있다는 사실을 이해하고 주의를 기울여야 한다. 치료자는 종결에서 발생하는 여러 가지 정서적 반응에도 대처할 준비를 하는 것이 필요하다(김유숙, 2005).

이별과 상실이라는 것은 무언가 자신에게 중요한 것을 잃어버리는 것이라고 했는데, 이때 상실을 애도하는 사람의 독특한 반응은 이별한 사람이 보였던 의미 있는 특징을 마음속에 내면화하는 것이라고 한다. 즉, 상실의 공백을 메우기 위해 이별한 사람의 특징을 마음속에 담아둔다는 것이다. 내담자는 상담사와 이별하면서 상담사가 했던 말과 상담사가 보여 주었던 따뜻한 감정을 마음속에 내면화한다. 종결도 일종의 이별 과정이고 애도과정이기 때문에 내면화를 동반하게 된다. 성공적인 종결은 성공적인 내면화를 통해서 그 사람의 자아를 더욱 튼튼하게 만들어 준다. 즉, 자신을 위해 주고, 아껴주는 누군가를 가슴에 따뜻하게 간직하고 그 대상을 떠나보내는 것이다(김환·이장호, 2009).

상담기간 중 내담자는 자신의 미해결과제, 트라우마(trauma), 핵심감정, 어두운 그림자(shadow) 등 자신의 취약한 부분이나 욕구에 대해 이야기 한다. 내담자는 회기가 지날수록 점차 상담사에게 의존하게 되고, 때로는 전이도 일어나게 된다. 또한 종결이 다가올수록 내담자는 상담사와의 이별과 분리에 대한 아쉬움과 정서적 경험을 하게 된다. 따라서 상담사는 상담의 길이에 따라 다르지만 장기상담에서는 종결 몇 회기 전에 종결에 대한 고지를 하여야 하며, 단기상담에서는 마지막 직전 회기에 종결에 대해 이야기를 하여야 한다. 이를 통하여 내담자는 상담사와의 정서적 분리를 할 수 있는 애도기간을 갖게 된다.

Ⅳ. 관계형성이론 모형도

1. 관계형성이론 모형도

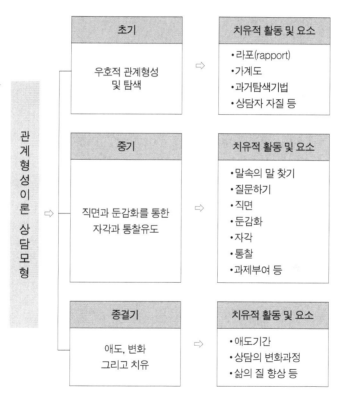

[그림 7] 관계형성이론 모형도

관계형성이론 모형도는 상담 진행의 전반적인 안내를 보여주고 있다. 필자는 본 모형의 내용을 구성하기 위하여 임상적 경험을 바탕으로 치유적 활동요소 등을 구체화하였으며 그 내용은 다음과 같다.

초기상담에서는 상담의 목표를 정하고 초점을 맞추어 상담을 진행한다. 이를 위하여 경청, 지지, 격려, 공감, 열린 질문 등을 통하여 우호적 관계를 형성한다. 이와 함께 가계도, 과거탐색기법을 활용하여 내담자에 대한 탐색과 분석을 한다.

중기상담은 치료의 비중이 크며, 내담자의 변화에 있어서도 중요한 부분을 차지한다. 중기에서는 내담자의 문제를 더 잘 이해하게 되고, 초기에는 다가가기 힘들었던 내담자의 신념, 지각, 행동들을 언급할 수 있으며, 내담자는 그러한 것에 직면하게 되고 더욱 적극적인 상호교류가 일어난다. 즉, 핵심감정에 대한 직면과 둔감화를 통하여 자각과 통찰을 유도한다. 이를 위하여 말속의 말 찾기, 질문하기, 직면시키기, 둔감화 하기, 자각과 통찰을 유도하기, 과제부여 등 다양한 기법 등을 활용한다.

종결기에서 내담자는 상담사에게 의존하게 되고 종결에 대한 아쉬움, 이별, 분리에 대한 정서를 경험하게 된다. 따라서 단기상담에서는 종결 직전 회기, 중·장기 상담에서는 종결 몇 회기 전에 상담사는 내담자에게 종결에 대한 고지를 하여야 하며, 애도기간을 가져야 한다. 이와 함께 명료화, 지지, 격려 등을 통해 변화과정 등 전체 상담과정을 나누고 종결한다.

2. 관계형성이론의 상담 전·후 변화과정 모형

상담사가 상담을 하기 위해서는 자격을 갖춘 수련감독 밑에서 일정기
간 수련을 받아야 한다. 이는 상담사로서 기본적 자질과 이론적 배경을
갖추게 되고 임상경험을 쌓으며, 자기분석과 슈퍼비전 그리고 역량강화
가 이루어지기 위한 것이다. 이러한 수련과정을 거친 상담사는 상담을
구조화를 하고, 내담자의 말이 들리고, 말속의 말을 찾고, 적절한 질문
을 할 수 있게 된다. 또한 직면과 둔감화를 통하여 내담자의 자각과 통
찰이 일어나도록 하고 긍정적 변화와 치유를 이끌어 낸다.

상담과정에서 상담사는 내담자의 정신세계인 무의식적 미해결과제를
탐색하고 분석하여야 하며, 총체적으로 심리상황을 조망한다. 내적 역동
에 대한 통찰과 자아기능을 강화시키고 현실적이고 수용적인 태도를 갖
게 하여야 한다. 이를 통하여 보다 성숙한 삶을 살도록 하여야 한다. 반
면에 내담자는 상담과정에서 자신의 어두운 그림자나 미해결과제를 이
야기하면서 상담사에게 심리적·정서적으로 의존하게 된다. 따라서 내담
자의 삶에 영향을 미치는 상담사는 상담 이전에 윤리적 건강, 정신적 건
강, 기본적 자질 등을 갖추어야 한다.

상담사의 기본적 자질에는 인간적 자질과 전문적 자질이 있다. 인간
적 자질이란 상담사가 갖추어야 할 사람됨의 특징으로써 내담자와의 인
간관계 형성과 인성적 특성을 의미한다. 즉, 인간에 대한 관심, 진실성,
심리적 안정감, 온화함, 타인수용, 열린 마음, 자기인식, 존중 등이다. 전
문적 자질이란 상담활동을 하는데 요구되는 상담의 이론, 상담을 효율

적으로 진행하는 방법, 절차에 관한 이해 등을 의미한다. 이러한 자질이
필요한 이유는 상담과정 중에 경험되는 전이, 역전이, 의존성 때문이다.

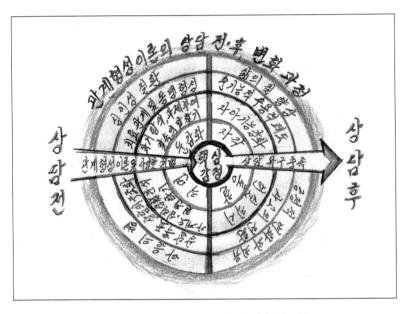

[그림 8] 관계형성이론의 상담 전·후 변화과정 모형

관계형성이론의 상담 전·후 변화과정 모형은 상담 진행과정의 방향을
제시하는 전개도와 같다. 따라서 그 내용을 정리하면 다음과 같다.

상담을 원하는 내담자는 마음의 병(심인성 질환)으로 인하여 삶의 질이
낮아져 있으며, 이를 해소하고자 상담의 문을 두드린다. 상담사는 초기
상담에서 상담목표를 정하고 상담을 구조화하며, 내담자와 치료관계 및
동맹을 형성한다. 상담사는 지지, 격려, 공감기법 등을 활용하여 우호적
관계를 형성한 후 가계도와 과거탐색기법 등을 통하여 탐색과 분석을

한다. 이를 통하여 상담사는 말속의 말을 찾아야 하며, 적절한 질문을 하여야 한다. 상담이 줄기로 흘러가면서 내담자의 핵심감정에 직면과 둔감화를 시킨다. 내담자는 자신의 삶을 되돌아보고 자각과 통찰이 일어나며, 현실을 직시하게 된다. 종결기에는 상담사의 조력으로 인하여 내담자는 자아기능이 강화되고 사고의 전환과 순기능적 수용적 태도를 갖게 된다. 이와 더불어 삶의 질이 향상되고 단기상담에서는 긍정적 변화와 중·장기상담에서는 치유가 나타난다.

따라서 상담사는 내담자의 상담욕구를 충족시켜주어야 하며, 상담 전에 비하여 상담 후 긍정적 변화 또는 치유가 나타나야 한다. 이러한 상담을 할 때 내담자는 상담에 기대했던 부분들이 충족되어 상담에 대해 긍정적 이미지를 갖게 된다. 상담사 또한 내담자의 변화된 모습을 보게 됨으로써 자부심과 보람을 느끼게 될 것이다.

2부

관계형성이론
심리상담의 실제

1장
배려를 갈망하는 부부

　인간은 하나의 독립된 개체이지만 끊임없이 타인으로부터 영향을 받는다고 느끼면서 살아가고 있다. 특히 많은 시간을 함께하는 부부관계는 더 많은 영향을 미칠 수밖에 없다. 부부갈등은 배우자에게 기대한 바를 충족시켜주지 못하고 심한 좌절을 줄 때 화와 분노에 빠져 공격적이게 되며, 서로 간에 부정적인 언행과 함께 마음의 상처를 남기게 된다. 따라서 부부관계에서 문제가 발생했을 때에는 개인상담보다는 부부관계에 초점을 맞추어 해결할 수 있는 부부상담이 적합하다고 본다.

　상담과정에서 내담자가 전하고자 하는 말의 의미는 사전에 정의되어 있는 말의 의미보다 더 많은 의미를 포함하고 있을 수 있다. 그렇기 때문에 상담사는 내담자의 언어적 표현의 현실성과 표현된 언어의 은유적 또는 암시적 내용에 관심을 가지고 탐색하여야 한다. 내담자가 사용하는 말의 내용이나 스타일, 특정한 언어선택의 빈도, 비언어적 행동, 전문적인 용어, 명령어, 자주 활용하는 단어 등을 얼마나 자주 사용하는가에 대하여 분석적 경청을 해야 하며, 말속의 말을 찾아야 된다.

Ⅰ. 사례소개

이 책에서 인용된 사례는 서로에 대한 배려의 부족으로 지속적 갈등으로 협의이혼을 하기 위해 법원에 찾아온 내담자를 대상으로 5회기 상담한 사례이다. 본 연구에서 채택하여 사용된 부부의 사례를 통해서 그들의 심리적·정서적·정신적 어려움, 갈등의 원인, 미해결과제 등을 살펴보고 협의이혼 상담에서 상담의 중요성과 임상과정에서 중재한 내용을 살펴보고자 했다. 특히 본 연구에서 인용된 사례에서 예증하고자 했던 내용은 관계형성이론과 기법, 상담기간, 상담의 구조화 등이 협의이혼을 준비 중인 부부에게 어떠한 영향을 미치고 있는가를 보여주기 위한 것이다.

본 사례는 상담을 통하여 내담자 부부의 삶의 질 향상과 상담의 효과 그리고 상담에 대한 욕구충족을 이끌어 냈다. 또한 사례발표에서 중요시되는 비밀보장을 위해 가명을 사용했으며, 실제 거주 지역 대신 필자의 임의로 거주지를 기재하였으며, 내담자의 신원이 노출되지 않도록 주의를 기하였다. 그러나 제시된 문제와 변화에 결정적인 영향을 미친 요인과 부분에 대해서 정확성을 기하려 했다.

1. 제시된 문제(내담자의 주 호소 문제)

1) 남편

직업적 업무 특성상 항상 잠이 부족한데, 아내는 휴일 날 집안일을 도와주지 않고 잠만 잔다고 한다. 또한 아내는 스트레스가 쌓일 때마다 화를 참지 못하고 아이 앞에서도 욕을 하고 때리며, 물건들을 던지는 등 폭력을 사용한다. 성격적 차이로 인하여 지속적 갈등을 겪어왔으며, 심리적, 정서적 어려움으로 삶의 질이 낮아졌다. 각방을 쓰고 있으며, 이혼을 원한다.

2) 아내

아이들 양육에 남편이 무관심하고 쉬는 날 잠만 잔다. 아이들이 3명이고 연년생이다. 어리다 보니 저녁에도 잠을 자지 못하고 2시간마다 잠을 깬다. 육아스트레스에 감정기폭이 심하여 남편에게 화를 내고, 때리기도 하였다. 이러한 지속적인 갈등으로 인하여 믿음과 신뢰가 사라졌으며, 더 이상 함께 있는 것이 무의미한 것 같다. 서로의 삶을 위하여 이혼을 원한다.

Ⅱ. 내담자의 기초정보

1. 가족관계

* 남편: 나고통(가명), 2남 중 첫째, 화물배송업, 35세, 고졸, 직장에서
  아내를 만났으며, 아내는 4살 연상으로 편안함을 느껴 결혼하였다.
  부모님은 맞벌이를 하였으며, 할머니가 양육자 역할을 하였다. 부모
  님은 필요할 때 안 계셨으며, 항상 외로웠다.
* 아내: 정화해(가명), 6남매 중 막내, 전업주부, 39세, 고졸, 어머니는
  첫 번째 남편과의 사이에서 4명의 자녀를 두었으며 사별하였다. 재
  혼 후 오빠와 나를 낳았으나 중학교 때 아버지가 돌아가신 후 서울
  로 가족들이 이사하였다. 큰오빠와 나이 차이는 15살이다. 어린 시
  절부터 큰오빠 눈치를 보며 성장하였다.
* 첫째 아들: 4세(34개월), 어린이집에 다니고 있다.
* 둘째 아들: 3세(20개월), 어린이집에 다니고 있다.
* 셋째 아들: 2세(7개월)

2. 가계도

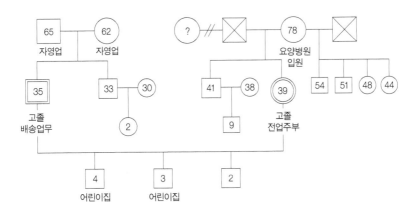

3. 성장과정과 표출된 갈등 원인

　남편은 어린 시절 부모님의 맞벌이로 부모로부터 받아야 할 사랑을 충분히 받지 못하며 성장하였고 항상 외롭게 지냈다. 아내는 중학교 때 아버지가 돌아가시고 청소년기에 큰오빠의 눈치를 보며 가정에서 안정을 찾지 못하였다. 부부는 인정욕구 결여와 서로에 대한 배려의 부족으로 갈등이 시작되었다. 아내는 다혈질로 남편을 때리고, 물건을 던지는 등 공격적 표출을 하였으며, 남편은 침묵으로 대처하였다. 이로 인해 삶의 질이 낮아졌다.

Ⅲ. 상담목표와 접근방법

1. 상담사의 상담목표

부부의 삶의 질 향상, 갈등 원인에 대한 자각과 통찰 유도, 배우자에 대한 인정욕구 충족과 배려, 자아존중감 향상 그리고 자녀의 복리에 초점을 맞춘다.

2. 내담자와 합의한 상담목표

삶의 질 향상과 자녀의 올바른 양육

3. 상담 접근방법

상담사의 역량을 중시여기는 관계형성이론을 중심으로 다양한 기법을 활용한다. 내담자의 심인성증상은 상담사에 따라 긍정적 변화와 치유가 되기도 하고 상황이 더 어려워지기도 한다. 지지와 경청, 공감 등을 통하여 라포(rapport) 형성을 한 뒤 부부가 처한 상황을 직시하여, 갈등의 원인을 살펴본다. 과거탐색기법을 활용하여 과거의 경험이 현재 삶에 어떠한 영향을 미치고 있는지를 알아본다. 또한 배우자에 대한 성장과정의 이해와 대화를 통한 부정적 감정을 해소하고자 한다. 부부의 마음에 자리 잡고 있는 어두운 그림자(shadow)를 다루어 갈등의 폭을 줄이고 손상된 자아존중감을 향상시키며, 아이들의 복리와 부부의 삶의 질 향상 그리고 긍정적 변화를 위하여 조력하고자 한다. 상담을 구조화하여 초기에는 우호적 관계형성과 탐색을 하고, 중기에는 직면과 둔감화를 통한 자각과 통찰을 유도한다. 종결기에는 애도기간 및 변화과정 등 전체 상담과정을 나누도록 하겠다.

본 장에서는 필자가 창안한 관계형성이론을 적용하여 부부의 삶의 질 향상, 긍정적 변화, 자녀의 올바른 양육을 위한 접근과정에 대하여 나누고자 한다.

IV. 상담과정

1. 상담 기간

2019년 02월~2019년 05월까지

2. 상담 회기별 요약

제 1회 기초면담

인간은 사회화 과정을 겪으면서 화와 분노를 조절하는 방법을 습득하게 된다. 화와 분노를 표출하는 방식은 성격, 성향, 가치관, 환경 등에 따라 다르게 나타난다. 미성숙한 사람은 감정의 물결이 홍수처럼 밀려올 때 거친 폭력, 공포분위기 조성, 자해 등으로 표출한다. 그러나 성숙한 사람은 감정의 물결이 감당하기 어려울 정도로 밀려올 때 일시적으로 그 자리를 피하게 된다. 평정심을 유지하고 다시 그 상황으로 돌아오면 감성에 치우쳤던 마음이 이성적으로 바라볼 수 있으며, 돌이킬 수 없는 사고를 미연에 방지하게 된다.

본 사례의 부부는 성격차이와 서로에 대한 배려의 부족으로 인하여 갈등이 시작되어 점차 커지고 되돌릴 수가 없어 협의이혼을 신청하게 되었다. 아내는 남편에 대한 원망이 컸으며, 남편은 현재의 상황을 받아들이기 힘들다고 하였다.

- 전 략 -

상담사: 두 사람의 호칭을 남편, 아내로 해도 되나요.

남　편: 예

아　내: 예

상담사: 남편과 아내는 여기까지 올 수밖에 없었던 이유에 대해서 간략히 말해 줄 수 있나요. 어느 분이 먼저 이야기해 주시겠어요. (부부는 서로 쳐다본다.)

아　내: 여기까지 오게 된 이유는… 남편이 집안일을 도와주지 않아요. 쉬는 날 잠만 자고… 남편은 14시간도 잘 때가 있어요. 나에 대한 배려가 전혀 없어요. 아이들이 어리다 보니 저녁에도 잠을 깊이 자지 못하고 2시간마다 깨요. 아이들 양육에 남편이 무관심하니 화가 나요. 육아스트레스에 화가 나면 남편에게 화를 내고 싸움이 시작되면 목소리가 올라가고 욕도 하고 남편을 때리기도 했어요. 화가 나서 남편을 때리고 물건을 던지고 욕도 하고 화를 냈지만 남편은 전혀 바뀌지 않아요. 이제는 남편과 싸우는 것도 지쳤고 믿음과 신뢰가 사라졌어요. 더 이상 남편하고 함께하는 것이 의미가 없어졌어요. 그래서 오게 되었어요.

상담사: 그러면 남편은

남　편: 결혼한 지 5년 되었고요. 여기 오게 된 것은 아내가 오자고 해서… 싸울 때마다 아내는 이혼을 이야기해요. 처음에는 이혼은 안 된다고 생각하였으나 싸울 때마다 이혼하자고 하니 지쳐서 따라오게 되었어요. 아내가 다혈질이라 화가 나면 통제가 안 돼요. 아내가 싸울 때마다 욕하고 때려요. 그러면 함께 욕을 하고 언성이 높아져요. 싸우는 이유는 휴일 날 집안일을 도와주지 않고 잠만 잔다는 거예요. 직업적 업무 특성상 항상 잠이 부족해요. 배송운전을 하는데 새벽 1시에 출근해서 오후 4시에 퇴근해요. 오후 8시에 잠을 자고 이러한 시간이 반복적으로 돌아가요. 모처럼 쉬는 날 잠을 자야 피로가 풀리는데 아내는 아이들과 함께 놀아주고 집안일도 도와주기를 바라지만 피곤해서 함께 해줄 수가 없어요.

상담사: 부부싸움은 아이가 보는데 서도 싸우게 되나요.

아　내: 예, 아이들 보는데 서도 많이 싸웠어요. 화가 나니까요.

남　편: 예… 많이 싸웠어요.

아　내: 싸우게 되면 서로 욕도 하고… 그러면 화가 나서 남편을 때리고, 집에 뭐라도 막 깨부시고… 남편을 때리고 그랬어요.

상담사: 깨부시고 그랬어요.

아　내: 예, 제가 그랬어요.

상담사: 깨부시고 그랬다… 아내분이 깨부셨다는 거예요.

아　내: 예, 예, 제 성질에 못 이겨서…

상담사: 남편분은 싸울 때 어떠셨어요.

남　편: 저는 뭐…

상담사: 아이는 사랑하나요.

아　내: 예, 사랑해요. 아이를 사랑하지도 않는 사람들도 있나요.

남　편: 예, 사랑합니다.

상담사: 그럼 다시 물어볼게요. 누구 관점에서 사랑하지요.

아　내: … 이해가 잘 안 되어서…

상담사: 아이 관점에서 사랑하나 내 관점에서 사랑하나요.

아　내: 음, 내 관점요.

남　편: 내 관점요.

- 중 략 -

상담사: 지금 부모의 갈등으로 인해 가장 상처받는 사람은 아이들일
　　　 거예요. 아이들이 어려서 말은 못 하지만 다 느끼고 있을 거
　　　 예요. 부모의 갈등이나 이혼 속에 자란 아이들은 상대적으로
　　　 자존감이 낮아지고, 피해의식이 있으며, 또래관계에 안 좋은
　　　 영향을 미치게 돼요. 그리고 부부갈등은 평소에 정서통장 관
　　　 리를 소홀하였기 때문이에요. 정서는 사랑, 온정, 배려, 나눔
　　　 등의 총합인데 평소에 정서통장의 잔고가 많으면 갈등으로 인
　　　 하여 차감이 되어도 잔고가 많이 남아있으면 감정대립이 크게
　　　 번지지 않지만 잔고가 고갈되면 사소한 문제로 갈등의 폭은

점차 커져 감당하기 힘든 상태에 이르게 돼요… 남편분과 아
내분은 아이들이 바르게 성장하기를 원하시나요.

아　내: 예, 예…

남　편: 예, 당연하죠.

상담사: 아이의 올바른 성장을 위하여 아이들 앞에서는 부모의 갈등
모습을 보이지 말아야 해요. 그리고 아이와 함께 있을 때 배
우자의 부정적 모습은 이야기하지 말고 긍정적인 면을 이야기
하도록 해요. 이는 이미지가 화석화되기 때문이고 아이들에
게 부정적 영향을 미치기 때문이에요.

- 하 략 -

　부부갈등은 배우자에게 기대한 바를 충족시켜주지 못하고 심한 좌절을 줄 때 분
노에 빠져 공격적이게 되며, 서로 간에 부정적인 언행과 함께 부부의 삶의 질을 낮
게 하고 친밀도는 급속히 떨어진다. 또한 이들은 갈등문제를 해결하기 위해 사용하
는 의사소통방법이 일방적이고 원만하지 못하여 더욱 상황을 어렵게 만든다. 이와
함께 부부갈등은 자녀에게도 심리·정서적으로 부정적 영향과 가족의 전반적인 기
능약화로 이어진다. 따라서 부부가 어떻게 갈등에 대처하며 해결할 수 있는가에 중
점을 두어, 긍정적이고 효과적인 갈등대처 방식을 습득하는 것이 중요하다.

가족(부부)치료는 가족의 구체적인 행동변화와 기능향상에 초점을 둔다. 이를 위하여 가족구성원 개인의 부적응과 대인관계 문제, 가족구성원 간의 갈등과 가족의 역기능 등 문제를 해결하고 가족체계를 변화시키는 데 초점을 두고 직접 개입하는 것이다. 즉, 가족(부부)치료는 가족 내 역기능을 순기능으로 회복시켜주는 것이다.

- 전 략 -

상담사: 지난번 법원에서 상담할 때 상담목표를 잡으면 좋겠다고 하였는데 혹시 아내분은 상담목표를 잡은 게 있나요.

아　내: 특별하게 생각이 안 떠오르더라고요. 너무 많으니까 상담 주제가 부부간에 일이 너무 많잖아요.

상담사: 남편분은

남　편: 저야 뭐, 육아 문제

아　내: 근데 저번에 얘기해 주신 게 도움이 많이 되더라고요. 아기 단계, 단계…

상담사: 아, 아이들 발달단계

아　내: 예, 발달단계가 집에 가서도

상담사: 자꾸 생각나고 그러죠.

아　내: 예~

부부의 변화를 위하여 핵심감정에 대한 직면을 통하여 자각과 통찰이 일어나도록 유도하여야 한다. 상담과정에서 상담사는 내담자의 언어적, 비언어적 행동에서 그 속에 담긴 의미를 찾아내어야 한다. 상담에 호의적인 반응을 보이는가, 자주 사용하는 단어를 살펴보고 그 단어가 무엇을 의미하는가, 그리고 내담자의 마음속에 자리 잡고 있는 핵심감정은 무엇인가를 찾아내어야 하며 이를 적절히 활용하여야 한다. 상담사의 감은 임상경험과 이론을 기반으로 형성된 알아차림이며, 과학적인 방법이다.

상담사: 지난 번 상담 이후 두 번이나 싸웠어요. 큰 싸움 작은 싸움, 싸움의 발단은 어떻게 시작된 거예요.

아 내: 싸움 발단요. 애기 아빠가 잠이 너무 많다 보니까 이제 하루를 몰아서 자… 운전직이니까 그러면 저는 또 잠을 못 자… 잘 자면 3시간, 4시간 저는 저대로 분노게이지, 스트레스게이지가 이게 가득 차 있잖아요. 음, 근데 남편은 이제 제 스스로 남편은 많이 자고, 나는 조금 잤는데 뭐라도 일어나서 눈치껏 뭐라도 도와줬으면 좋겠는데, 내 입으로 뭘 해, 뭐 해, 뭐 해줘 이렇게 얘기하면 이미 인제 이렇게 쌓이는 거지, 여자들은 알아서 해 주기를 바라지, 조금 남자들은 뭐 알아서 해 주는 게 사실은 좀 더 힘든 거지만, 그렇다고 그때 보니까 이제 저도, 이제 험한 말 나오면 남편이 받아치면, 이제 저의 입장에서는

왜 니가 큰소리칠 입장이냐, 이제 거기에 이제 뚜껑이 열리니까, 인제 성질이 나니까, 저는 풀 수 있는 게 없으니까, 때리는 거예요. 그럼 때리면 남자니까 자존심도 상하고, 아프기도 하고 그러니까 또 막말이 나오고 그러면 그걸로 인해서 언성이 커지고…

상담사: 그러면 남편분의 입장을 한번 들어볼게요. 지난 상담 이후 20일 만에 두 번 싸웠다고 그러면 10일에 한 번씩 싸웠다는 건데…

아　내: 10일 만에 싸우지 않고 몰아서 싸웠어요.(호호호)

상담사: 몰아서 두 번요. 몰아서 이제 두 번을 싸웠는데

남　편: 예…

상담사: 남편분이 생각을 할 때, 싸우게 된 원인이… 발단되는 것이 어떤 점이에요.

남　편: 제가 너무 오래 자다 보니까요. 점심 지나서도 깨고 그러니까

상담사: 점심 지나서도 자고

아　내: 14시간씩 자요.(호호호)

상담사: 남편분 이야기 할 때는

아　내: 예, 들어줄까요.

상담사: 경청하는 것이… 심리용어로 경청이라고

아　내: 네, 알겠습니다.

상담사: 고개를 끄덕 끄덕이면서 잘 들어 주는 것이

아　내: (말을 가로채며) 아니 몇 시간인지, 이제 이해를 돕기 위해 막

많이 잔다는 게, 도대체 몇 시간 자는 건가 9시간 이상, 9시간 자는데 마누라 입장에서는 많이 잤다. 생각이 들 때 있고, 선생님도 도대체 몇 시간을 잤기에 그렇게도 생각할까 봐 제가 이야기해 주는 거예요.

상담사: 그거는 주관적인 질문이라

아 내: (호호호) 예, 맞아요.

상담사: 어떤 사람은 3시간을 자고, 또 많이 잤다.

아 내: 그건 아니잖아요. 객관적으로 생각하면 최소 4시간 너무

상담사: 아, 4시간

아 내: 그렇죠. 성인이 8시간 자야 되잖아요… 이걸로 이렇게 해서 싸웠는데… 너무 온화하게 말씀하시니까

상담사: 그렇구나… 자, 14시간을 이제 잔다. 근데 매번 14시간 자지는 않겠지요.

아 내: 일요일에만

상담사: 아, 아내분이 이야기를 하고 싶어도, 남편분이 무슨 이야기를 하나

아 내: 예, 알겠습니다.

상담사: 한번 경청을 하는 것도… 대화 중에 경청만 잘해도 이야기를 잘한다고 해요. 한마디도 않고 잘 듣고 들어만 줘도… 그런데 상대편이 이야기하고 있는데 들으면서 다른 행동을 해요. 그 것도 무성의하게 들어요. 그러면 이야기하다가도 중단시켜 버려요. 하고 싶은 욕구가 안 일어나요. 그런데 상대편이 이야기

를 할 때 얼마나 힘들었니, 얼마나 가슴 아팠니, 또는 얼마나 좋았을까, 고개를 끄덕하고, 지지하고 격려해 주면은 점점 더 이야기를 더 많이 하게 돼요. 모두가 그러면은 싸움이 안 일어나요… 지금 남편분이 14시간을 잔다. 특히 휴일 날

남　편: 예, 예

상담사: 아내분은 일요일만이라 그랬는데 일요일만이 아니고 휴일 날, 쉬는 날 주로 그렇게 되겠죠.

남　편: 예, 예, 평상시에도 들어와서 밥 먹고 자기 바쁘니까, 새벽에 너무 일찍 나가니까

상담사: 일찍 출근하기에 잠을 잔다. (아내를 바라보며) 아내분은 경청할 준비되어 있죠. 경청이 굉장히 중요해요. 경청 못 하기 때문에. 결국은 부부싸움도 일어나는 거예요… 아침 일찍 출근을 한다고 했는데 몇 시 정도가 이른 시간일까요.

남　편: 거의 새벽 1시 정도, 1시, 평균 1시

상담사: 새벽 1시 출근한다. 아, 그러니까 일반적인 직장하고 밤낮이 바꿨다. 그렇게 1시 출근한다면

남　편: 그러죠. 퇴근 시간은 한 4시 정도… 4시, 5시 정도

상담사: 퇴근은 오후 4시요.

남　편: 예

상담사: 그러면은 4시에 이제 집에 퇴근하게 되면, 저녁을 먹고 잠을 자야 되겠네요. 그래야지 또 1시… 그러면 밥을 먹고 이제 잠 잘 때쯤은 몇 시쯤 돼요.

남　편: 8시요.

상담사: 8시, 8시에 취침… 숙면할 수 있는 분위기가 되나요, 숙면이
　　　　안 되나요.

남　편: 안 된다고 봐야죠. 애들이 셋이 있으니까

상담사: 숙면이 안 된다. 1시 출근하려면 준비를 해야 될 거 아녜요.
　　　　그냥 1시에 일어나서 바로 나가지 않잖아요.

남　편: 그렇죠.

상담사: 12시쯤에

남　편: 12시 반 정도

상담사: 12시 반… 그럼 4시간 반밖에 못 자네요. 4시간 30분 자는 동
　　　　안에도 숙면을 못 한다.

남　편: 그렇죠. 그렇게 이제 잠이 들 깨 가지고 출근하려다가 이제
　　　　차에서 조금씩, 조금씩 자다가 이제 그러니까, 이제 집에 가면
　　　　이제 잠 때문에 많이 다투는 거죠.

상담사: 그러면서 사고는 한 번도 안 났고요.

남　편: 예, 사고는 안 났어요. 한 번도

상담사: 대단하시네요. 아니 운전이 아주 그냥 베스트 드라이브인 거
　　　　같아요.

남　편: 계속 운전만 하고 살았으니까

상담사: 어떻게 4시간 30분 자고 정상적인 근무가 가능하죠.

남　편: 나가서 좀 차에서… 이제 쪽잠, 잠 잘 시간도 있고 하니까, 현
　　　　장 가서 대기하는 시간마다…

상담사: 남편이 가족을 위해서

아 내: 남편이 늘 그렇지는 않아요. 늘 12시 반, 1시에 일어나지는 않
　　　　아요. 8시에 자두 2시 반에 나갈 때도 있고 그래요.

상담사: 아, 평균적으로

아 내: 예, 어쩌다 일찍 나간 거 얘기하는 거고요. 방 따로 있어서 애
　　　　들이 뛰어다니는 데서 잠을 자는 게 아니고요. 혼자 방문 잠
　　　　그고, 그러기 때문에 소리는 들리겠지만 한번 잠들면 세상 누
　　　　가 업어가도, 밖에서 떠들고 애가 울어도 모르고요. 가끔은
　　　　문 열어 놓고 자도 애가 울어도 몰라요. 코 골고요. 서로 입장
　　　　을 들어봐야죠.

상담사: 그럼요.

아 내: 예, 갑자기 죽을 뻔했어요. 방금, 얘기하고 싶어 가지고

상담사: 그러셨구나

아 내: 네~, 숙면… 애들이 있는 거실, 거기서 자는 게 아니고 방이
　　　　세 개니까 혼자 방이 따로 있어요. 자는 방이 따로… 잠들기
　　　　전에나 애들 소리 좀 들리지 않게…

상담사: 아내분은 하루 일과가 어떻게 돼요.

아 내: 저요. 제 이야기 해드릴까요.

상담사: 예

아 내: 보통 이제 새벽 3시 정도 잠이 들어요.

상담사: 새벽, 새벽 3시… 남편 이제 출근 시키고

아 내: 남편 거의 갈 때

상담사: 남편 출근 시킬 때, 가는 거 보고 인사를 하고… 잘 다녀오세요.

아 내: 잘 다녀오세요. 못 할 때 많아요. 안에서 애기 분유 줄 때도 있고, 제가 문을 여는 소리에 20개월짜리 아이가 예민해서 울어 버릴까 봐 전 안방에서 애들 따로 재우고

상담사: 남편 배웅 못 할 때가 많다…

아 내: 배웅할 때도 있구요. 거실에서 있을 때는 배웅하고요. 한 달에 20일 정도, 왜냐하면 그 시간에 새벽에 빨래도 개고 있고, 젖병도 삶고 있고

상담사: 그렇죠. 그러면 이제 3시에 취침

아 내: 취침하면 보통 시작되는 일과가 8시 반 그때부터 이제 아이들이 한 명씩 깨거든요. 두 녀석은 자더라도 30분 간격으로 깨요. 애들이

상담사: 그러면 이제 아이들 어린이집이나 이런데 보내려고 바쁘시겠네요.

아 내: 예, 바쁘죠. 아침에 해야 되고, 애들 씻기고, 양치도 시키고, 아침밥도 먹이고 혼자 다 해야 되니까요. 거기다 중간에 또 7개월 아이는 분유도, 우니까 분유를 먹여야 되고 셋 다 기저귀를 아직은 다 못 뗐으니까, 셋 다 기저귀도 아침에 눈 뜨면 갈아 줘야 되고 계속… 보통 아이들이 10시에 어린이집을 그리고 1시간 반 정도 준비를 해요. 애들 10시 반에 가면 그때부터 이제 젖병도 삶고, 이불 빨 때도 있고, 이불도 털고, 방도 닦고

상담사: 집 안 정리하고

아 내: 예, 쓰레기도 버릴 때도 있고, 가끔 신랑이 버려줄 때도 있고, 보리차 물, 물도 끓여야 되고

상담사: 그리고 나서 아이가 몇 시에 어린이집에서

아 내: 3시 반, 30분에서 40분 하원하면 아이들 간식도 챙겨주고

상담사: 굉장히 바쁘네요.

아 내: 그렇죠. 애들도 오면 셋 다 씻겨야 되고, 목욕도 씻겨야 되고, 그 중간에 비어 있을 때, 시간에 제가 혼자 있는 게 아니라 또 7개월째 아이 분유 먹이고

상담사: 그렇죠.

아 내: 두 녀석 어린이집 가고, 먹이고, 안고 또 잠도 재우고

상담사: 전형적인

아 내: (말을 가로채며) 맞아요. 일상적인 가정주부

상담사: 3시 취침을 해서 8시 30분까지 이제 잠을 잔다고 했어요.

아 내: 예,

상담사: 5시간 반이네요.

아 내: 근데 5시간 반을 그사이에 3~4번은 깨요. 애기 깨니까 저는 낮잠을 안 자는 성격이라 못 자요. 7개월짜리 애가 있으니까…

상담사: 예, 맞아요. 어찌 됐든지 간에 5시간 반이에요. 남편분은 4시간, 4시간 반

아 내: 그거는 가끔이라니까

상담사: 5시간

아 내: 6시간, 5시간

상담사: 잠자는 시간은 양쪽 다 비슷하네요.

아 내: 예…

상담사: 누가 많이 자고, 누가 적게 자고는

아 내: 그건 중요한 게 아니에요… 맞아요.

상담사: 아내분이 이렇게 자녀양육으로 인해서 힘이 들어요. 세 명을… 어린아이를 보살핀다. 남편은 밖에 나가서 이제 무슨 일을 하는지 한번 좀 들어 볼게요. 아내가 남편… 이제 출근한 다음에 집 안에서 이런 일들이 쭉 벌어지고 있었어요. 남편분은 1시 이제 출근해요. 새벽 1시 출근하면… 하루 일과가 어떻게 돼요. 직장 내에서

남 편: 트럭을 타고 있는데요.

상담사: 아~ 트럭

남 편: 예, 계속 그냥 지방에 왔다 갔다 하고 있는데요.

상담사: 지방에 화물 싣고

남 편: 예, 화물 싣고, 싣고

상담사: 지방에 간다. 고속도로도 타고 그러겠네요.

남 편: 그렇죠. 고속도로 타고 시내에 들어오니까

상담사: 그러고 나서 이제 그 화물 싣고, 이제 퇴근은 역시 마찬가지로 오후 4시

남 편: 예,

상담사: 남편이 숙면을 좀 잘 취해야 되겠네요. 그래야지 사고 안 나지

아 내: 예, 그래서 잘해주죠.

상담사: 걱정되시겠어요.

아 내: 걱정되죠. 그래서 웬만하면 집안일도 안 시키고

상담사: 그렇죠.

아 내: 8시… 뭐 일찍도, 하긴 뭐 바로 좀 시간 되는 대로요.

상담사: 자게끔 놔둔다고요.

아 내: 평일에는 자야죠. 그래야 일하러 가지… 8시에 자도, 12시에 나갈 때도 어쩌다가 한 번씩 있겠네요. 4시간 자고 갈 때도 있고요. 어쩔 때는 4시간 자고 갈 때는 물론 또 차에서 한 2시간 반, 3시간 잘 때도… 이렇게 길게 잘 때는 차에서… 그런데 또 집에서 뭐, 2시 나갈 때는 차에서 자는 시간이 그만큼 또 늦게 나갈 때는 1시간 더 잘 때도 있고, 더 쪼금 잘 때는 뭐, 30~40분밖에 못 잘 때도 있겠죠. 다 아는데 그래서 자게 하죠. 애들도 못 들어가게 문도 잠그고

상담사: 나름대로 노력을 많이 하네요.

아 내: 아니요. 본인이 잠그고, 저도 애기 아빠 방에 뭐 꺼낼 일이 있으면 문 잠그고 다시 나오고… 애들이 들어가니까

상담사: 나름대로 남편을 배려해서 신경 많이 썼네요.

아 내: 그건 신경이 아니라 그냥 사고 나면… 또 가정 생계도 달렸고, 그건 기본적 배려죠. 그것도

상담사: 남편을 배려해서 맞아요. 그래야지 돈 벌어 온다. 그거보다 남편을 배려해서

아 내: 맞아요. 그래도

상담사: 생활을 잘 유지하기 위해서

아 내: 예, 사고 나면 큰 사고니까

상담사: 그렇죠.

아 내: 사고 나면 안 되잖아요.

상담사: 아내분이 누구보다도 현실을 더 직시하네요. 욕하고 때리고 큰 싸움 하는 게 아니라

아 내: (호호호) 나이를 이 사람보다 4살이나 더 먹었는데 인지를 하고 살아야지

상담사: 나이하고는 상관없어요.

아 내: 상관없어요. (호호호) 아니 그건 기본적인 사고방식이잖아요. 운전을 하면

상담사: 두 분이 성격이 좀 많이 좀 다른 거 같아요.

아 내: 많이 다르죠.

상담사: 아~

아 내: 한 뱃속에 나온 형제도 틀린데 남남이 만났는데 다르겠죠.

상담사: 그렇죠. 아내분의 성격은 좀 어떻다고 생각하세요.

아 내: 저요. 되게 다혈질이에요.

상담사: 다혈질…

아 내: 금방 좋아졌다가 금방 또 화가 났다가 화도 잘 나고 또 금방 풀어지기도 하고 감정 기복이 되게 감정기복이 되게 커요.

상담사: 감정기복이 심하다.

아 내: 갑자기 울컥해서 울고

상담사: 그리고 감정표출을 할 때에, 때에 따라서는 있는 그대로 하기
　　　　도 하고

아　내: 항상 하죠. 뒤로 숨기는 게 없어요.

상담사: 감정표출을

아　내: 잘하는 편이에요. 화가 나면 났다.

상담사: 남편분은

남　편: 저는 반대라고 생각하시면 돼요.

상담사: 겉으로는 잘 표현 안 하고, 내성적이고

남　편: 예, 그런 면도 있고요.

- 하 략 -

　편안한 분위기에서 경청과 지지, 격려를 통하여 관계형성을 하였으며, 부부가 가지고 있는 심리적·정서적 어려움을 탐색할 수 있었다. 부부는 기초면담 이후 20일이 지난 후 맞춤형상담을 받으러 왔으며, 자신의 삶을 반추하고 있었다. 부부는 기초면담 때와 달리 상담 목표가 바뀌었다. 기초면담 때에는 건강한 이혼을 원하였으나 맞춤형상담에서는 상담을 통하여 아이들의 올바른 양육과 부부관계의 회복으로 바뀌었다. 따라서 상담사는 내담자의 상담목표에 따라 상담전략을 수정하였다.

　부모가 심리적·정서적·정신적·육체적으로 건강해야 자녀가 건강하고 행복하듯이, 건강한 가정을 위하여 관계개선을 위한 방법을 조력하고자 한다. 다음 회기에는 부부의 성장과정을 탐색하기 위해 필자가 창안한 과거탐색기법을 사용하고자 한다.

인간은 생애 초기에 가졌던 관계경험, 특히 주요 양육자와의 관계 경험을 바탕으로 어떻게 자신과 다른 사람들에 대한 표상을 형성하며, 이런 내면화된 표상들이 개인의 성격형성과 이후 주변사람들과의 관계에 어떻게 영향을 미치는가를 살펴보는 것이 중요하다(임향빈, 2018).

필자는 부부의 과거 생활사 자료로부터 현재의 중심적 갈등과 과거의 중요한 원천과의 연관성을 찾아보기로 하였다. 이는 상담과정에서 현재의 중심적 갈등의 깊은 무의식적 결정인자를 찾아내고, 내담자의 전반적 심리상태를 평가하며 잠정적 진단과 변화를 이끌어 내기 위함이다. 이와 함께 과거의 경험이 현재 삶에 영향을 미치는 요인들을 탐색하고 분석한다. 과거탐색기법을 활용하여 부부의 성장과정을 탐색하였으며, 과거탐색 후 부부는 배우자의 이야기를 경청하며, 서로간의 성장과정 및 성격형성을 이해하는 데 도움이 되었다.

- 전 략 -

상담사: 짧은 시간에 과거탐색은 잘하셨어요.

아　내: 예…

상담사: 남편분도 잘하시고

남　편: 예…

상담사: 두 분의 성장과정에 대해서 듣고 싶은데 어느 분이 먼저 이야기해주시겠어요.

아　내: (남편을 바라보며) 얘기해

남　편: (고개를 끄덕이며) 해야죠.

상담사: 남편분은 어렸을 때의 어떤 생각들이 떠오르나요.

남　편: 어렸을 때 부모님이 두 분이서 맞벌이를 하셨으니까 동생이랑 항상 같이, 부모님들은 떨어져 있던 그런 거… 동생하고 함께 있던 생각…

상담사: 이때가 몇 살 정도쯤

남　편: 제가 고등학교 때까지 그렇게 컸어요.

상담사: 가장 어린 시절에 생각나는 것

남　편: 예, 어린 시절부터 쭉

상담사: 그러니까 이 시기가 다섯 살 때인가요. 여섯 살 때인가요. 안 그러면은 더 어린 시절

남　편: 더 어린 시절부터 생각나는 게, 동생하고 둘이 집에 많이 있던 기억

상담사: 동생하고는 뭐 하고 있었어요.

남　편: 개천가… 주로 개천가 돌아다니면서 장난도 치고…

상담사: 개천가에서 장난치고 있었고, 이때가 몇 살 때 생각이에요.

남　편: 제일 어렸을 때라… 5살 그때쯤

상담사: 과거탐색을 하다보면, 많은 사람들이 5살에서 6살 사이를 가장 많이 기억해요. 좀 더 이른 기억을 하는 사람들은 4살, 3살… 남편분은 5살 때 기억을 하신다 그랬는데 5살 이후로 또 어떤 기억들이 떠올라요.

남　편: 부모님이 없으니까… 일 나가셨어요. 안 계시니까 할머니랑 같이

상담사: 할머니와 뭐 하고 있었죠.

남　편: 할머니랑 뭐 다니고

상담사: 이때는 몇 살 정도..

남　편: 그때는 7~8살

상담사: 그러면 이제 초등학교 들어와서는 어떤 기억들이

남　편: 음, 친구들이랑 운동하던 기억들…

상담사: 운동은 주로 어떤 운동을…

남　편: 농구나 축구요.

상담사: 이때가 몇 학년 때예요.

남　편: 5~6학년 때요.

상담사: 이제 중학교로 올라오면서 또 어떤 기억들이 올라와요.

남　편: 그때도 제가 한참 농구를 좋아해서 중학교 때도 거의 농구로
　　　　 지내다시피 했거든요. 그 기억이 제일 많아요.

상담사: 고등학교 때도 농구

남　편: 고등학교 때에는 거의 이제 학교를 많이 안 나갔어요. 친구들
　　　　 과 놀러 다니고

상담사: 학교 안 가고 친구들과 놀러 다니고… 남편분은 여기까지만
　　　　 이야기 듣기로 하고요. 아내분은 좀 어떠셨어요.

아　내: 어떤 거요.

상담사: 가장 어렸을 때 생각나는 일들

아　내: 가장 어렸을 때요.

상담사: 예

아　내: 아버지가 45살 늦게 낳았거든요. 늦둥이라 맨날 아빠 손잡고
　　　　아버지 친구

상담사: 아버지 손잡고

아　내: 아버지 친구, 동네 친구분들 있는데 항상 데리고 다니면서 맛
　　　　있는 거 해주고

상담사: 이때가 몇 살 때죠.

아　내: 6살 때… 5살~6살 때, 6살 때

- 중 략 -

상담사: 초등학교 때에는

아　내: 예, 소풍 가면 엄마보고 도시락 못 싸오는 아이들과 먹게 애
　　　　들 도시락 싸 주라고 하고, 그것도 엄마도 그거 되게 아무렇
　　　　지 않게 챙겨주시고…

상담사: 이때가 초등학교 몇 학년 때예요.

아　내: 1학년부터 6학년까지

상담사: 그럼 이제 중학교 가서는

아　내: 중학교 때는 아버지가 돌아가시고 서울로 왔는데 되게 좋았어
　　　　요… 학교 시절은 되게 많이 울었던 거 같아요. 왜냐하면 사춘
　　　　기가 이제 왔는데 맨날 놀이터 같은 데서 오빠랑 맨날 밤 열두
　　　　시까지 놀다가 들어갔어요. 울었던 것 같아요. 큰오빠랑 나이

차이가 이제 15살 나다 보니까… 15살 불편하기도 하고…

상담사: 큰오빠가 있었나요.

아 내: 배가 다른… 그러니까 말 안 했던… 바로 위에 오빠는 2살 차이 오빤데… 어머니가 육남매 중에… 이제 재가를 하신 거예요. 첫 번째 남편이 돌아가셔서 자식 넷을 낳은 상태에서 저의 아빠를 만나서 저랑 이 오빠를 낳아 가지고 위에 오빠랑 맨날 큰오빠 눈치를 보느라고 낮에는 집 근처 육교에서 물건 파는 거 구경하고, 책방 구경하고, 집에 들어가면 오빠 눈치가 보이니까… 그래 가지고 맨날 늦게 들어갔던 거 같아요… 큰 오빠와 나이 차이가 많으니까 그때는 삼촌 같고 지금 15살 차이는 커 보니까 오빠는 오빤데 어릴 때는 중학교 때 15살에… 15살 많은 오빠는 삼십이었거든요. 되게 불편하고 어렵고

상담사: 자, 이제 고등학교 들어와서

아 내: 고등학교 때는 친구들이 너무 많아서 주변 친구 항상 많아서 되게 행복했던 거 같아요.(호호호) 공부도 나름 열심히 잘도 했고 수학 시간, 수학을 너무 좋아해서 수학도 잘했고

- 중 략 -

상담사: 이제 오늘 상담은 여기서 마무리하고, 다음 상담 올 때까지 과제를 내줄게요.

아 내: 예

상담사: 지금 두 분에게 필요한 과제인 거 같아요.

아　내: 예

상담사: 나는 누구인가, 왜 사냐고 묻는다면, 행복이란, 아이의 바른 양육, 호칭 변경, 그리고 마지막으로 신뢰와 믿음을 주는 통화 나 문자를 하루에 한 번 이상 해주기

- 하 략 -

부부는 관계개선을 위하여 노력하는 모습이 보였으며, 재결합을 하고자 하는 모습이 나타났다. 따라서 상담을 통하여 건강한 가정으로 회복하도록 조력하고자 한다. 상담 후 과제를 내주었다. 상담에서 과제부여의 역할은 상담실 밖의 일상생활과 연결되어 있기 때문이다. 다음 상담에 올 때까지 상담실 밖의 시간을 상담에 연결시켜 부부의 긍정적 변화를 이끌어내기 위한 방법이며, 상담의 연장선상으로 머물게 하기 위함이다.

제 4회 맞춤형상담

부부는 상담 약속을 3번 변경하였으며, 2달 만에 상담을 하게 되었다. 내담자가 상담 일자를 3번이나 변경하는 것은 심리적 저항으로, 결과 이후의 마음의 준비 부족, 신중한 결정 등 방어기제가 활성화되면서 지혜로운 결정을 내리는 데 필요한 시간인 것 같다. 필자는 편안한 분위기 속에서 지지와 격려, 공감 등을 통하여 내담자

의 이야기를 경청하였으며, 그 결정을 존중하였다.

- 전 략 -

상담사: 지난 두 달 동안 어떻게 지내셨어요. 상담 이후

아　내: 그냥, 그냥 바쁘게 지냈어요… 아빠랑요. 크게 나쁘게는 안 지
　　　 내고요.

상담사: 남편과 나쁘게 안 지냈다 하면은 어떤 게

아　내: 그전에는 크게 싸우고, 물건 깨부시고 싸웠잖아요.

상담사: 맞아요. 막 깨부시고 싸웠죠.

아　내: 저 혼자 분에 못 이기고…

상담사: 맞아, 맞아, 에너지가 넘치니까

아　내: 그렇게 크게 큰소리 나게 싸우지는 않았어요.

상담사: 아, 큰소리 나게 싸우지는 않았어요. 그러면은 소리 안 나게
　　　 만 싸웠네요.

아　내: 아니요. 소리 안 나게도 안 싸웠어요. 열심히 일하고

상담사: 얼마나 멋져요. 열심히 일하고

아　내: 저도 열심히 아이들 케어하고

상담사: 그럼요. 안에서 또 열심히 아이들 양육하고… 지금은 굉장히
　　　 바쁘게 지낼 때예요. 시기적으로… 그런데 시기적으로 바쁘지
　　　 만, 부부 갈등이 안 일어나고 그러면서 서로를 배려하고 그리
　　　 고 서로를 포용하고 그러면 더 좋은 관계가 된다는 얘기죠.

이 시기는 지나가는 과정이에요. 그런데 내가 생지옥을 만들어야 되겠다. 그러면 생지옥이 되는 거고, 천국을 만들어야 되겠다. 하면은 천국이 되는 거예요. 그리고 지금 이렇게 열심히 사는 게 누구를 위해서 사는 거 같아요.

아　내: 다 자녀, 애들 양육 잘하려고 키우죠.

상담사: 가족 모두, 구성원 전체 행복을 위해서 살아가는 게 아니겠나… 근데 남편분이 더 피곤해야 될 상황인데 아내분이 지금 더 피곤해 보여요.

아　내: 피곤해요. 애들 때문에 잠 못 자고 이래서… 여기 오느라 아침에 아무것도 못 먹고 배도 고프고, 그래 가지고

상담사: 그러면은 저기 음료수하고 간식이 있으니까 드시면서 하세요.

아　내: 아녜요.

남　편: 예…

상담사: 남편분은 좀 어땠어요.

남　편: 전 뭐 바쁘게 일만 했죠. 주말에 애들이랑 놀러도 다니고

상담사: 그래도 주말에 아이들하고 같이 좀 시간도 보내고 많이 노력하네요.

아　내: (호호호) 예, 요번에 많이 노력했죠.

상담사: 요번에는 그랬어요.

아　내: 날씨도 좋고, 이래 가지고… 애들 데리고 동물원에 이제 많이 가고 보여주고 여기저기 많이 다녔어요.

상담사: 어린이날이 엊그제였는데 그때 아이들을 위해서

아　내: 어린이날에 너무 복잡해서 애들이 어려서 그 전날 근로자의
　　　　날 때

상담사: 아, 그렇죠.

아　내: 여기저기 동물원도 가고, 식물원도 가고

상담사: 평상시 그 전에도 그랬어요.

아　내: 그전에 애들이 어렸고, 어려서 어린이날 모르는데 이제 네 살
　　　　짜리 아들 녀석이 아니까 이제 동물원 호랑이랑 토끼를 다 아
　　　　니까 이제 좀 보여 주고

상담사: 작년까지는 안 했는데 올해부터는 아이가 조금 크니까

아　내: 크니까

상담사: 알기 시작하니까 같이 다녀야 되겠구나 그런 생각을 했네요.
　　　　작년 재작년에도 했으면 얼마나 좋아요.

아　내: 뱃속에 임신 중에 하나는 너무 어리고, 그래서 고생해서… 연
　　　　년생이다 보니까

상담사: 무엇이든지 마음이 있어야 행동이 따르는 거예요.

아　내: 맞아요.

상담사: 작년에 임신 중이어서, 뭐 아이가 어려서, 상대적으로 마음이
　　　　안 갔기 때문에

아　내: 그럴까요.

상담사: 그리고 올해 5월 1일 날 아이들 데리고 밖에 나갔다. 그것은
　　　　마음이 움직이기 때문에 행동을 하게 되는 거고

아　내: 그렇습니까

부부는 지난 상담 이후 자각과 통찰을 하였으며, 부정적 사고에서 긍정적 사고로 바뀌었고, 서로를 배려하게 되었다. 부부싸움을 하지 않고 아이들과 동물원, 식물원에 가는 등 일상생활에서 변화가 나타났다.

상담사: 정상적인 부부라고 하면은 결혼하는 이유 중에 하나는 안전한 성(性)관계를 하기 위한 거예요. 성욕구가 생기면 성관계를 하겠다는 것은 남자나 여자 모두 같아요. 성욕구가 일어나는 것은 사람이기 때문에 그래요. 20대, 30대, 40대… 나이가 들수록 점차 성관계 횟수는 줄어들 수밖에 없어요… 지금 두 분은 성관계는 어떻게 하고 있어요.

아 내: 한 달에 한번… 문제가 많죠.

상담사: 부부관계에서 성은 중요한 문제예요. 협의이혼 하러 온 부부들을 상담해 보면 많은 부부들이 성문제에 관계되어 있어요. 최근에 상담한 부부의 경우 5년 전에 유산을 하고 나서 그 뒤로 성관계를 한 번도 안 했대요.

아 내: 5년 동안요.

상담사: 예, 그러니 많이 참은 거죠. 그러다 참다 참다 못 해 가지고 남자가 이제 밖으로 외도를 하게 되고… 성욕구를 해소해야 되니까, 그러다가 배우자가 알게 되고… 이제는 감정의 골이 너무 깊어지게 되고, 헤어지자고 한 부부가 협의이혼 하러 상

담 받으러 온 거예요… 결혼한 사람에게 성은 하늘이 내려준 축복이에요. 성관계를 자주하는 부부는 친밀도가 높아지고, 삶의 질이 높아져요. 성관계가 만족하지 못하면 친밀도가 약해지면서 갈등이 생겨요… 남편이 지금 35세예요. 30대인데

아　내: 예, 저는 40이에요.

상담사: 남자는 30대면 성욕구가 왕성한 시기고

아　내: 맞아요.

상담사: 남편 같은 경우에 적어도 지금은 2~3일에 한 번은 해소를 해 주어야 해요. 정자 활동이 왕성하게 일어나고 있기 때문이에요. 정자를 외부로 배출을 시켜줘야 생리적으로… 배출시켜주지 못 했을 때는 스트레스 받아요.

아　내: 애들 볼 시간이 바쁘고… 본인이 알아서 어떻게 하겠지

상담사: 그거는 너무 무책임한 이야기이에요. 혼자 알아서 하겠지… 부부 일인데… 가능하다면 남편의 욕구를 충족을 시켜 주려고 노력을 해야 해요.

- 하 략 -

성은 인간의 다른 어떤 본능보다도 심리적인 요소, 가정적인 요소, 사회적인 요소가 밀접히 관계되고 사회의 터부가 특히 강하게 작용하는 분야이다. 그렇기 때문에 곡해되고, 오해받고, 거부당하는가 하면, 반대로 탐닉의 대상이 되기도 한다. 성의 본질과 그 기능을 충분히 올바르게 이해하고 적절히 이용하면 남녀 관계는 매우

즐겁고 기쁨을 주며, 오래 유지될 수 있다. 그렇게 되면 두 사람의 관계뿐 아니라 다음 세대와의 관계, 나아가서는 사회 전반에 걸쳐 활력소가 된다(홍강의 역, 1998).

성(性)과 사랑이 밀접한 관련성을 지니고 있다는 것에는 논란의 여지가 있을 수 없다. 따라서 성의 생리적, 심리적 근원에 대해 논의하는 것은 자연스런 현상이다. 성의 생리적인 면이 심리적인 면의 발달을 도모하는 것은 인간을 생존 가능하게 하는 불가분의 틀 속에 상호의존적인 내용을 포함하고 있기 때문이다. 인간의 몸 안에 있는 많은 신체 조직과 같이 성기능이 자연스럽게 이루어진다면, 그 사실을 우리는 당연히 받아들이는 것이고 별다른 관심을 주지 않게 된다. 그러나 성적인 기능 중 문제가 나타난다면 불안의 원인이 되고 고통의 대상이 되며, 좌절감을 갖게 할 뿐만 부부관계를 와해시키고, 전반적으로 불행한 삶을 살게 된다. 부부에게 다음시간이 마지막 상담시간이라고 이야기하였다.

제 5회 맞춤형상담

필자는 부부에게 이번 회기가 마지막 상담회기라고 이야기하였으며, 재결합 의사는 있는지 물어보았다. 부부는 아이를 위해서나 자신들의 삶을 위해서 재결합 하고 싶다고 하였다. 필자는 재결합을 하기 위해서 부부가 해야 할 부분에 대해 나누고 삶의 질 향상을 위한 조력을 하였다.

- 전 략 -

상담사: 지난번 내어드린 과제에 대해서 물어볼게요. 나는 누구인가?
두 분 중에 누가 먼저 이야기해 주시겠어요.

아 내: 제가 먼저 할게요. 나는 누구인가… 그냥 엄마이자 아내 그리
고 없더라고요.

상담사: 여기서 하는 질문은 주관적 질문이에요. 객관적 답이 없어요.

아 내: 맞아요.

상담사: 내가 생각하는 것은 내 안에서만큼은 정답이에요. 그것을 나
와 생각이 다른 사람에게 이야기했을 때 차이가 있을 수가 있
겠죠. 하지만 내가 생각한 것은 내 안에서만큼은 정답이에요.
어떠한 이야기를 해도

아 내: 나는 여자이고 싶은데, 그냥 40대 여자이고 싶다. 근데 나는
누구인가 딱 생각하면 그냥 엄마, 엄마… 엄마로서의 역할이
너무 크고 앞으로도 그거고, 엄마이고 아내 역할 밖에 없는
거 같더라고요. 나는 나만, 나의 존재가 없어요. 그냥 나 혼자
만이 오로지 나도 내가

상담사: 그냥 40대인 평범한 여자이고 싶다. 그러니까

아 내: 가끔 꾸미고 화장도 하고, 이쁜 옷도 입고, 하고 싶은데, 나를 할
수가 없잖아요. 나로 이렇게 꾸미고 그게 아니라 뭐든지 애기들
키워야 되니까, 머리 풀 수도 없고 묶어야 되니까, 손톱도 기를
수 없고 잘라야 되고, 그러니까 오로지 내가 아닌 엄마들은

상담사: 남편분은

아　내: 크게 생각을 안 한 거 같아…

상담사: 지금 떠오르는 생각

남　편: 저도 뭐 애들, 애들 아빠인 게 제일 먼저 생각나고, 그다음에 이제 돈, 돈 따라가고

상담사: 돈 벌어야 되는 남편이고, 아빠고 다 비슷할 거예요. 보통 사람들은… 이번에는 왜 사느냐고 묻는다면

아　내: 왜 사냐고 묻는다면… 행복하고 싶어서

상담사: 아~ 그렇죠. 행복하고 싶어서 남편분은

남　편: 저는 애들 전부 다 더 나은 환경에서 자랄 수 있게 해주고 싶은 게 그런 마음이죠.

- 중 략 -

나는 누구인가라는 정체성에 관한 질문이고, 왜 사느냐고 묻는다면은 삶의 목적의식에 관한 질문이다. 정체성과 목적의식을 가지고 사는 사람들은 삶의 질이 높을 수밖에 없다.

상담사: 이번에는 아이의 올바른 양육은

아　내: 아이의 올바른 양육요. 올바른 양육은 딴 거 없어요. 엄마 아빠가 행복한 모습 보여주면 그게 제일 행복… 제일 올바른 양육이죠.

상담사: 그렇죠. 아니 그 정답을 어떻게 알았어요.

아 내: (호호호) 다른 거 다 필요 없어요. 책 읽어주고, 공부보다도 엄마, 아빠가 웃고 그러면 아이들은 그냥 그 한일 자체가 애들은… 엄마, 아빠 웃음소리 속에서 자란 애들은 당연히 행복하고 마음도 행복할 것이고… 엄마, 아빠들이 피 터지게 싸우면 불안감 어떤 그런 공포 속에서 자랄 것이고

상담사: 상담 배웠어요.

아 내: 아니, 아니요. 상담 안 배웠죠.

상담사: 아니, 어떻게 그렇게 잘 알아요.

아 내: 그건 누구나 아는 거잖아요.

상담사: 그냥 머릿속에서 아는 거 하고

아 내: 그래서 싸우더라도 애들 안 보는 데서 싸워야 좋은… 애들 보는 데서는 가식적이라도 즐겁게 잘 지내는 게 애들한테 교육상 좋은 거구요.

상담사: 아니, 점점 하는 말이 꼭 상담사 같아요. 내가 할 말을 대신 다 해 버려요. 그만큼 내가 아이들 교육에, 자녀양육에 관심을 많이 가지고 있다…

아 내: 그럼요.

상담사: 남편분은

남 편: 저도요.

아 내: 같은 생각이죠. 뭐

상담사: 부부일심동체로서 아내와

아 내: 저, 늘 그런 이야기해요. 신랑한테… 어느 순간도 좋게 해야… 애들은 백지장이라 안 들리고 모르는 거 같아도 무의식에 적립하고, 다 알고 있으니까 말도 이쁘게 해라, 운전할 때도 조심하게 해라

상담사: 특히 아이들에게 가정은 1차 학습장소예요. 그래서 내가 지난번에도 아이들 성장과정… 하도 아이들이 어리기 때문에 이 이야기를 해 준 거예요. 60개월까지 아이가 원하는 사랑을 충분히 주면서 양육하면, 그 사랑의 에너지가 아이에게는 평생 살아가는 큰 자원이 돼요. 그리고 그 이후에 외부 환경은 아이의 심성에 변화를 못 미치게 돼요.

아 내: 맞아요.

상담사: 그래도 아내분이 지혜롭게 지금까지 외부 직장 안 다니고 아이만을 위해서 혼신의 노력을 했네요. 아이들을 위해서 큰일을 하는 거예요.

아 내: 제일 중요한 건 돈도 필요 없어요. 지금 시기 때 애들 잘 먹이고, 키우고, 이뻐해 주고, 스킨십해 주고, 사랑 많이 주는 게, 애들한테는 커서도 그게 기억에 남아요.

- 중 략 -

상담사: 지난번 과제가 신뢰와 믿음을 주는 통화나 문자 하루에 한 번 이상하기 그것도 있었는데

아　내: 그건 매일 해요. 사실…

상담사: 아, 매일 해요.

아　내: 제가 항상 거의 한 거 같아요. 원래 6년 동안 신랑… 여보 운전 조심해, 밥 먹었어 그러면 통화를 하루에 여섯 번 이상은 해요. 매일, 영상통화를 평상시에도 원래 애기도 없을 때도 밥 먹었냐, 서로 물어보고, 문자로도 원래 운전 조심해, 뭐 누구랑 먹었어, 뭐 먹었어 그러면… 제가 약간 관심 받고 싶어 하는 사람이에요.

상담사: 남편분도 아내분에게 신뢰와 믿음을 주는 문자나 통화는 자주 하셨나요.

남　편: 통화는 원래 자주하죠.

상담사: 아, 통화는… 평소에도 자주 했나봐요.

남　편: 예…

상담사: 다행이네요.

아　내: 원래 지금까지 그냥 싸우면 싸운 대로 카톡 하고, 안 싸우면 안 싸운 대로 카톡 하고

- 중 략 -

상담사는 상담 중에 내담자가 사용하는 언어, 비언어를 관찰하여야 하며, 그 언어가 나타내는 의미를 분석하여야 한다. 또한 말속의 말을 찾아야 하며, 질문을 장하여야 한다. 부부는 서로를 배려하고 있으며, 가족의 소중함을 느끼고 있었다.

상담사: 지난 2달 전에 상담하고 오늘 상담을 했는데 2달 동안 좀 많은 생각을 했을 거예요. 앞으로의 삶과 현실적인 문제에 대해서도 생각을 좀 했을 거예요… 남편분은 이제 어떻게 앞으로 하고 싶으세요.

남　편: 앞으로 아내와 아이들 행복하게… 가정이 행복하게 살고 싶어요.

상담사: 남편분은 아내와 아이들과 가정이 행복하게 살고 싶다. 그러면은 재결합을 원하신다는 이야기네요.

남　편: 저는 처음부터

상담사: 아내분은

아　내: (표정이 밝아지면서) 모르겠어요. 고민 중이에요.

상담사: 고민 중이지만 그래도 재결합 쪽으로 많이 움직이는 것 같아요.

아　내: 네, 긍정적으로

상담사: 그러면 재결합을 원한다… 오늘 상담하는 과정 속에서 두 분의 생각을 충분히 읽을 수가 있었어요… 이제 행복이란… 두 분이 생각하는 행복은

아　내: 내가 생각하는 행복요. 식구 다 건강하고… 그것보다 행복한 게 있을까요. 식구들 건강하고 돈이야 항상 힘들고, 그거야 뭐 어떻게 할 수가 없는 거니까 애들 웃음소리 나고, 웃음소리 나고 신랑 안 아프고 건강해서 돈 벌고 하면 그러면 그게 행복이죠. 뭐 놀지 않고 일하고 있고 애들 건강하게 잘 커주고, 엄마는 그보다 더 바랄 게 있을까요. 애들 건강히 잘 자라고

상담사: 그러면 이제 남편분에게 물어볼게요. 남편분이 생각하는 행
　　　　복이란

남　편: 저도 가족 다 건강하고 잘 먹고 잘 사는 거, 그게 다예요.

상담사: 잘 먹고 잘 사는 거

아　내: 좀 못 먹어도

- 하 략 -

　부부는 상담으로 인하여 현실을 직시하고 사고의 폭이 넓어졌으며, 심리적·정서
적으로 단절되지 않고 서로에게 의지하는 모습이 표출되었다. 남편은 아내를 배려
하고, 아이들과 시간을 보내면서 행복함을 느끼게 되었다. 아내는 자각과 통찰을
통하여 남편에 대한 배려와 가정 내에서 큰소리가 나지 않도록 주의하는 등 생활의
변화가 나타나게 되었다. 필자는 부부에게 삶의 질 향상과 아이의 올바른 양육을
위하여 조력을 하였다. 상담 후 부부는 사고의 전환과 변화가 나타났으며, 협의이혼
의사를 변경하여 재결합하기로 하였다.

V. 상담에 대한 평가

1. 상담의 효과

　부부는 상담초기에는 서로에 대한 불신으로 함께 앉아 있는 것조차 힘들어 보였으나 상담 후 믿음과 신뢰를 회복하기 시작하여 서로를 배려하였으며, 상담 종결 때에는 재결합의사를 나타내었다.

2. 부부 입장의 상담효과

　상담 전에는 갈등의 골이 깊어 이혼 외에는 다른 방법이 없다고 생각하였으나 상담 후에는 현실을 직시하고 서로를 배려하게 되었다. 남편은 아내에게 대화와 스킨십을 자주하고 가족구성원과 나들이를 하는 등 변화가 나타났다. 아내는 현실을 직시하고 가정에서 큰소리가 나지 않도록 하고 남편을 배려하는 등 사고의 전환이 나타났다. 또한 갈등의 원인과 대처하는 방법, 감정표현과 의사소통, 서로에 대한 믿음과 신뢰가 생기기 시작하고 자아존중감도 높아졌다. 부부는 협의이혼을 취소하고 재결합하기로 하였다.

3. 상담자의 자기 평가

부부는 지속적 갈등상태이며, 배우자에 대한 분노와 화, 낮은 자존감 등 심리적·정서적·정신적 어려움을 표출하는 이혼위기상태의 가족이었다. 필자가 창안한 관계형성이론을 기반으로 부부의 삶을 탐색하고 경청, 지지, 격려, 공감 등을 통하여 자아존중감을 북돋고, 미해결과제를 다루었다. 또한 핵심감정에 대한 직면을 통하여 자각과 통찰을 유도하여 긍정적 변화와 사고의 전환을 가져오게 하였다. 긍정적 변화를 이끌어 내게 되어 상담사로서 보람을 느낀다.

4. 함께 생각해 볼 과제

상담사는 상담과정에서 내담자를 만족시켜 줄 수도 있고 좌절시켜 줄 수도 있다. 상담사는 부부에게 관심을 갖고, 현재 상황을 수용하고, 이해하며, 용기를 북돋아주고, 지지와 조력을 하여야 된다. 또한 부부에게 도움을 줄 수 있다는 믿음과 따뜻하고, 친근한 느낌을 주어야 한다. 부부의 심리적 상황을 이해하고, 그 이해를 바탕으로 불안한 심리현상을 제거하고 자신감을 가질 수 있도록 지지와 격려를 해주어야 한다. 이와 함께 상담사는 부부의 증상을 제거할 수 있는 방법을 모색하고 만족한 결과를 가져올 수 있는 상담을 진행시켜야 한다. 이를 통하여 상담에 대한 욕구를 충족 시켜주어야 한다. 이러한 상담의 목적을 달성하기 위해서는 때로는 직면을 통해 역동이 일어나게도 하지만 이를 통해 자각과 통찰을 유도하여 긍정적 변화를 이끌어 내어야 한다. 부부가 상담에 적극적으로 참여할 수 있도록 지지와 격려를 하여야 하며, 상담사가 가지고 있는 이론과 기법을 최대한 활용하여 상담 전에 비하여 상담 후 긍정적 변화를 이끌어 내야 한다.

부부는 상담을 받지 않았다면 이혼을 하게 되었을 것이고 이로 인한 어두운 그림자를 평생 안고 살아가야 한다. 아이들의 입장에서는 본인의 의사와 관계없이 한쪽 부모와 살게 될 것이며, 부모의 이혼으로 인한 감내하기 어려운 트라우마(trauma)를 겪게 될 것이다.

2장
마음의 병에 영향을 미친 대상표상

건강한 몸을 유지하기 위해 유익한 음식이 필요하듯, 건강한 정신을 위해서는 따듯한 사랑이 필요하다. 양육자의 사랑이 부족하거나 인정욕구가 충족되지 않을 때 자녀는 부족한 양육자의 사랑을 받기 위해 노력을 한다. 그러나 양육자로부터 인정욕구의 충족이 불가능할 때 화와 분노가 올라오며, 거친 행동으로 표출하기도 한다.

인간은 부정적인 기능을 강조하는 양육자로 인하여 인간다운 계획을 수립하지 못하고, 보다 바람직한 행동을 실천하지 못하게 된다. 또한 긍정적인 심리적 성장에 저해요인이 되며, 역기능적 심리현상을 유발하게 된다. 이러한 일들은 인색한 양육자로 인하여 고통을 겪는 심리적 갈등이라고 할 수 있다.

I. 사례소개

　이 책에서 인용된 사례의 내담자는 인터넷 검색 후 대한가족상담연구소를 찾아오게 되었다. 30세 여성이며, 27회 상담을 한 사례이다. 사례 발표에서 가장 핵심이 되는 비밀보장을 위해서 가명을 사용했으며, 실제 거주 지역 대신 필자의 임의로 거주지를 기재하였으며, 개인적 신분이 노출되지 않도록 주의를 기하였다. 그러나 제시된 문제와 변화에 결정적인 영향을 미친 요인과 부분에 대해서 정확성을 기하려 했다.

1. 제시된 문제(내담자의 주 호소 문제)

　내담자는 관계 속에서 누군가 내 말을 끊거나 아니라고 하면 무시 받는 느낌과 주눅이 든다. 지속적으로 만나면 점차 관계가 어색해지고 특히 여자들 관계에서 더욱 그렇다. 알 수 없는 피해의식과 불안한 감정이 수시로 올라온다. 어머니하고 관계가 너무 안 좋다.

Ⅱ. 내담자의 기초정보

1. 가족관계

(1) 내담자 김우울(가명)

1남 1녀 중 첫째, 회사원, 30세, 대졸, 부모는 사이가 좋지 않았으며, 아버지는 21년 전 교통사고로 사망하였다. 어린 시절부터 어머니에게 폭언과 무시를 당하고 야단맞으며 성장하였다. 현재는 어머니의 부정적 사고와 거친 표현으로 힘들어하고 있으며, 어머니로부터 심리적 독립을 하고 싶으나 여전히 벗어나지 못하는 자신이 한심스럽다.

(2) 아버지 김고통(가명)

회사원, 고졸, 21년 전 교통사고 사망, 행복하지 않은 결혼생활로 부부갈등이 심하였으나 내담자를 사랑하였다.

(3) 어머니 이갑순(가명)

회사원, 55세, 전문대졸, 가부장적 가정에서 성장하였으며, 주관이 강하다. 자기중심적이며 타인에 대한 배려가 없고 화가 나면 거친 말을 여과 없이 한다.

(4) 남동생 김길동(가명)

27세, 전문대졸, 회사원, 내성적이며, 어머니에게 순종적이고, 내담자를 무시한다.

2. 가계도

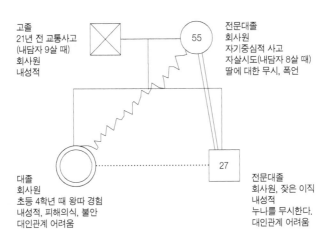

고졸
21년 전 교통사고
(내담자 9살 때)
회사원
내성적

55

전문대졸
회사원
자기중심적 사고
자살시도(내담자 8살 때)
딸에 대한 무시, 폭언

대졸
회사원
초등 4학년 때 왕따 경험
내성적, 피해의식, 불안
대인관계 어려움

27

전문대졸
회사원, 잦은 이직
내성적
누나를 무시한다.
대인관계 어려움

3. 성장과정과 표출된 원인

양육자인 어머니는 내담자가 8살 때 자살을 시도하였고, 아버지는 9살 때 교통사고로 돌아가셨다. 아버지가 돌아가신 후 외부 남자가 집에 자주 드나들었으며, 어머니와 잠자리하는 것을 보게 되었다. 어머니는 내담자를 미워하였으며, 인정받지 못하고 외롭게 성장과정을 보내게 되었다. 초등학교 4학년 때에는 친구들로부터 왕따를 당하였다. 외로움을 많이 느꼈으며, 타인이 친절하고 따뜻하게 대해주면 그 사람을 의지하게 되었다. 고등학교 졸업 후 취업을 하였으며, 직장을 다니면서 대학을 마치게 되었다.

관계 속에서 누군가 내 말을 끊거나 아니라고 하면, 무시 받는 느낌과 주눅이 든다. 그 사람을 웃는 모습으로 대하기 어렵고 기분이 안 좋은 모습이 표정으로 나타나게 되며, 관계가 불편해지는데 이러한 일들은 이성보다 동성에서 더 나타난다. 피해의식이 많고 불안하며, 대인관계에서 지속적으로 만나는 사람들과의 관계가 어색하다. 현재는 어머니의 부정적 사고와 거친 표현으로 힘들어하고 있으며, 어머니로부터 심리적 독립을 하고 싶으나 여전히 벗어나지 못하는 자신이 한심스럽다.

Ⅲ. 상담목표와 접근방법

1. 내담자의 상담목표

* 불안해소와 마음의 치유
* 어머니로부터 심리적 독립
* 대인 관계형성 및 지속적인 관계에서도 어색하지 않은 모습

2. 상담사의 상담목표

* 내담자의 총체적 심리상황을 분석하고 문제해결을 위한 접근을 한다.
* 인간관계를 정립하고 불안처리능력을 배양한다.
* 고착된 심적 에너지에서 벗어나게 하고, 역기능적인 개인 내적 역동에 대한 통찰을 통하여 자아기능을 강화시킨다.
* 현실적이고 수용적인 태도를 갖도록 하고, 긍정적인 변화를 통한 성숙한 삶을 실현하도록 조력한다.

3. 내담자와 합의한 상담목표

초기상담 때에는 건강한 대인관계이었으나, 중기상담에서는 불안해소와 마음의 치유 그리고 어머니로부터 심리적 독립으로 상담목표가 바뀌어졌다.

4. 치유적 상담 접근

치유를 위한 임상적인 문제를 다루는 상담사는 심리상담에 대한 전문성을 가지고 있어야 한다. 내담자는 자신이 가지고 있는 심인성 증상에 대해서 상담사가 공감, 지지, 격려, 경청하는 것 외의 긍정적 변화와 치유가 될 것을 기대하고 찾아온다. 따라서 상담사는 이에 부응하는 심리상담을 할 수 있어야 하며, 내담자의 상담욕구를 충족시켜주어야 한다. 상담사는 상황에 맞추어 물어봐야 할 것과 묻지 않아야 할 것들을 구분하여 질문을 하는 것과 '말속의 말을 찾음'으로써 그의 전문성을 증명한다.

본장에서는 필자가 창안한 관계형성이론을 적용하여 내담자의 삶의 질 향상, 긍정적 변화, 치유를 위하여 접근하는 과정에 대하여 나누고자 한다.

IV. 상담과정

1. 상담진행기간

상담기간 2018년 6월~2020년 9월

2. 상담 회기별 요약

제 1회기

상담의 치유목표를 달성하기 위해서는 무의식에 숨겨진 자료를 탐색하고 분석하여야 한다. 생후부터 현재까지 경험한 모든 일들은 사라지지 않고 무의식 속에 자리 잡고 있기 때문이다. 이러한 경험은 연상기억에 의하여 의식 위로 올라오게 된다. 내담자의 생활사는 과거와 현재의 삶을 간단명료하게 제시하여야 하며, 강점과 약점을 제시할 수 있어야 한다. 그리고 가까이 지내는 사람들과의 인간관계를 볼 수 있게 해야 한다. 병리적 생활사에 대한 정보가 부족하면 내담자의 정서적 갈등을 탐색하는 데 어려움이 많고, 증상을 진단하는 데 어려움이 따른다.

상담사: 그런데 근무를 하면서 주변에 많은 사람들이 있을 텐데, 어떤 사람과의 관계가 주로 좀 어렵나요.

내담자: 어떤 사람들이라고 특정인물을 꼽을 수는 없는데, 제 스스로의 그런 느낌이라던지, 그런 어떤 일방적인 거리감 그런 거 같아요. 회사에서도 저를 바라보기를 밝고, 모든 사람들과 다 원만한 관계를 갖고 있는 그런 성향인 사람으로 알고 있는데 그런데 저는 그러지가 않죠. 그러니까 어려워요. 사람들이 저를 깊이 있게 안다고… 이제 느끼는 순간 제가 멀어지려고 하는 그런 게 있는 거 같아요.

상담사: 그런 감정은 언제부터 시작되었나요.

내담자: 이게 저는 여자들한테 특히 많이 느끼거든요. 남자분들한테는 되게 스스럼없고 오히려 더 잘 터놓고 하는데 여자분들한테 이런 게 많이 있어요. 여성공포증 같은 그런 게… 오히려 여자가 더 복잡한 심리를 갖고 있고, 되게 어떤 생각을 할지 모르고 되게 어렵잖아요. 어렸을 때 부모님도 되게 엄하시고, 그런 환경에서 자라오긴 했는데, 아빠가 돌아가시고 초등학교 2학년 때, 서울에 와서 친구들이랑 2학년 때… 서울에 와서 이제 생활하고, 4학년 때 정말 이제 활달하고 이런 성격이라서 이제 반에서 뭐 부반장도 하고 그러면서 친구들과 잘 지냈는데 4학년 때 제일 친하게 지내던 단짝 친구랑 싸움이 난 거

예요. 멀어졌는데 그 친구뿐만 아니라 주위에 있던 친구들이 저한테 공통적으로 느끼는 그런 게 있었나 봐요. 제가 되게 식탐이 많고 아버지가 안 계셔서 좀 예의라든지, 이런 게 좀 덜한가 보다 이런 얘기를 좀 구체적으로 들었는데 저 스스로는 그렇지 않다고 생각했는데 친구들이 한꺼번에 이제 등을 돌리는 거… 4학년 때 이제 왕따의 경험이 있어서 그때부터 시작된 거 같아요…

- 중 략 -

내담자: 저희 엄마가 되게 칭찬이랑은 좀 거리가 많이 머신 분이에요. 칭찬에 되게 인색해서 가지고… 살아오면서 칭찬을 받아 본 적이 몇 번 없거든요. 잘했다고, 잘됐네 뭐 이쁘네, 뭐 이런 얘기를 들어 본 적이 없어요. 몇 번, 정말 손에 꼽게 기억이 나는 거지요. 그래서 엄마한테 되게 인정을 받으려고 많이 그렇게 노력하면서 지냈어요. 결과적으로는 그런 성장과정 때문에 제가 열심히 살 수 있게 되었고 그리고 원하는 데 취직도 하게 됐고 이런 과정은 얻을 수 있었는데(눈물을 흘린다.) 자라면서 엄마한테 되게 영향을 많이 받은 거 같아요. 무시한다던가, 그런 게 영향을 많이 받아서 좀 더 나은 사람이라고 생각하는데 왜 인정을 안 해주지 이런 거, 그래서 이제 회사에서나, 사회생활 할 때도 좀 인정받으려고 많이 하는 거 같고, 계

속(눈물을 흘린다)… 죄송해요.

상담사: 울고 싶을 때에는 소리 내서 울어도 괜찮아요.

내담자: 예, 눈물이 많아요. 아직까지도 엄마와의 그런 거는 제가 계속 가지고 있고, 그런 것 때문에 좀 갈등이 있어서 또 다시 저에게 그런 폭언이라든지, 무시라든지 이런 게 오면 저는 아예 저를 닫아버리거든요. 엄마랑은 얘기를 안 해요. 얘기를 하게 되면 오히려 저한테 더 심리적으로 안 좋은 영향이 있으니까… 그렇다고 또 집을 떠나고 싶어도 떠나지 못하는 게, 저를 길러 주시면서 저한테 이렇게 다 이런 경제적인 거라든지, 이런 부분들 다 투자를 하셨는데 지금 엄마의 생활이 그렇게 풍요롭지 못하니까 제가 계속적으로 지원해 드려야 되잖아요. 그러니까 떠나지 못하고, 마음으로는 떠나고 싶고 그러니까 집에 있는 게 굉장히 힘든 거예요.(울먹이며) 저는 즐겁게 엄마랑 더 좋은 시간 보내고 싶고 한데, 오히려 저의 그런 마음을 이해를 해 주시는 거 같지 않고, 이해한다고 해도 이제 표현이 안 오니까 저는 모르죠. 그러다 보니까 자꾸 더 힘들어지는 거 같아요. 근데 시간이 좀 지나면서는 그거를 방법을 터득을 해서, 어떤 순간에 이렇게 대처하면 되겠지, 이렇게 하면 내가 좀 더 편해 질 수 있어, 이런 거를 얻어 가고 있어서 그렇게 지내 왔던 거 같은데, 마냥 그 방법이 옳은 거 같진 않고 그래서 좀 상담을 해 보고 싶었어요.

- 중 략 -

상담사: 그러면은 아빠와 엄마가 자주 다투었나요.

내담자: 예, 예, 제 기억엔 자주 다투셨고 엄마가 오히려 더 뭐라고 하고 소리 지르고, 이런 스타일이어서 서로 이제 스트레스가 있었던 거 같아요… 제 기억에 그랬거든요. 근데 엄마는 그렇게 하셨는데도 또 막 쏟아부으셨는데, 또 그게 안 풀려서 어느 날은 정말 마음을 먹고 그냥 죽으시려는 것 같았거든요. 그날에 어머니가 소주를 다섯 병을 벌컥벌컥 마시고 들이마시고, 병이 늘어져있던 게 기억나고… 쓰러지셨어요. 그게 기억이나요. 그 뒤로 엄마가 뭐 응급처치 받았고, 어땠고 그런 거 기억이 안 나는데, 저한테 그게 좀 쇼크였는데 지금 그 장면이 기억이 나거든요. 많이 다투시고 엄마는 심각하게 고통을 받으시면서 자살까지 생각을 했던 거 같아요. 일기장을 봐도 좀 느껴져 가지고…

상담사: 많이 힘드셨겠어요… 어린 나이에 어머니가 자살을 하려고 시도했던 부분… 그때가 몇 살 때이었어요.

내담자: 그때가 아버지 돌아가시기 직전쯤이었던 거 같아요. 여덟 살 때 되지 않았을까 싶네요. 제가 학교를 다니던 때였던 걸로 기억이 돼요.

상남사: 그러면 어머님은 아버님이 돌아가시고 그냥 혼자 사시는 건가
요. 안 그러면은 따로 만나는 사람이 있는 건가요.

내담자: 쭉 혼자서 사셨는데요. 몇 사람 제가 초등학교 때 이제 몇 사
람 만나셨어요. 근데 처음 만나신 분은 정말 유부남이셨는데
저의 이웃집에 계시던 분이여 가지고 제가 엄청나게 아저씨한
테 막 함께 소리 지르면서 가시라고 이렇게 하면서 반대했던
기억이 있고, 그래도 이제 어른이니까 제가 크게 막아내지 못
하고, 그냥 아저씨 벌 받으실 거라고… 다음에 만난 분은 엄마
가 일감 얻어서 오시는 그 사장님이셨는데 그분도 어느 정도
만나시다가 좀 멀어졌고, 또 다음에 만나신 분은 동네에 계신
아저씨이셨는데, 가게 하시었나…; 근데 그분은 이혼하신 분
이라 좋더라고요. 그래서 오셨는데 엄마가 어떤 거 같아, 라고
저한테 물어보셨더라고요. 싫다고 하고 반대, 반대했어요. 세
번째 남자까지만 기억나고 그 뒤로는 기억에 없었던 거 같아
요. 너무 오래전 얘기라서 그 뒤로는 기억이 없네요.

상담사: 그만큼 우울 씨가 어린 나이에도 불구하고 받아들이지 못하
고 밀어내는 상황이었는데 그때 어머니는 뭐라 그랬어요.

내담자: 별 말씀 안 하셨어요. 그냥 아니라고 하니까 그냥 받아 드렸
던 거 같아요.

상담사: 그러면 그분이 집에까지 찾아와서 같이 있기도 하고

내담자: 예…

상담사: 어머니하고 잠자리도 같이 하고

내담자: 예, 그때 너무 충격이었던 거죠.

상담사: 그러면은 어머님하고 관계하는 걸 보셨나요.

내담자: 예

상담사: 그러니까 같은 방에서

내담자: 예

상담사: 방이 몇 개였어요.

내담자: 방이 하나였어요. 저희 집에 오셔 가지고, 어렵게 지냈던 곳이어서 방 하나인데 같이 이렇게 넷이 누워 있는 그런, 그거밖에 기억이 안 나요. 누워 있다가 몇 시간 있다 가기도 하고, 그 다음 날 가기도 하고…

- 하 략 -

편안한 분위기에서 경청과 지지, 격려를 통하여 관계형성을 하였으며, 내담자가 가지고 있는 심리적, 정서적 어려움을 사정할 수 있었다. 내담자는 성장과정에서 트라우마(trauma)를 많이 겪은 것 같다. 어머니와 애착형성 결여, 8살 때 어머니의 자살시도 목격, 9살 때 교통사고로 아버지의 사망, 어머니의 외부 남자와 성관계, 초등학교 4학년 왕따 그리고 어머니의 학대 등 감당하기 어려운 환경에서 성장하여 왔다. 내담자가 성장과정에서 겪은 미해결과제나 상처는 성인이 된 후에도 심리·정서적 영향을 미쳐 삶의 질을 낮게 하는 요인으로 나타나고 있다.

긍정적인 어머니와의 관계에서 공급받게 되는 에너지는 긍정적인 자기감, 자율성을 가능하게 하여 좋은 아이로서의 자기표상을 정착시킨다. 그러나 부정적인 어머니와의 관계에서 공급받게 되는 에너지는 부정적인 자기표상을 내재화 한다.

생활사는 내담자가 가지고 있는 증상을 진단하고 이해하는 데 도움이 된다. 상담 중에 내담자의 증상과 관련된 중요한 생활사에 대한 것을 의식 또는 무의식적으로 이야기하지 않을 때 상담사는 내담자의 긍정적 변화와 치유를 위하여 증상과 관련된 상담사의 특정한 경험과 이론적 배경을 중심으로 질문하여 추가적 정보를 얻어 내어야 한다.

- 전 략 -

내담자: 저는 지지 격려를 엄마한테 받아 본 적이 없는 거 같은데 기억에 그런 기억이 없어요. 그냥 공감능력이 좀 엄마가 없으신 거 같아요. 마음으로 공감하고 있다고 생각은 해보는데 겉으로는 이렇게 표현을 하면서도, 이래서 뭐 어떻게 할 거야, 다음에 뭐 잘될 거야, 이런 얘기를 들어 본 적이 한 번도 없어요.

상담사: 칭찬도

내담자: 예, 예, 예전에 칭찬 한번 받은 적이 있거든요. 그 기억만 있어요. 한번, 그때 방 청소해 놔 가지고 엄마 일 끝나고 돌아오셔서 "누가 이렇게 예쁘게 청소를 해 놨어." 이러면서 제가 해 놨

다고 그랬더니 "아이고 잘했네." 하고, 그때 유난히 칭찬해 주
셨던 기억밖에 없어요. 저한테는 그 이후에는 칭찬에 대한 기
억이 없네요. 인색하신 편이에요.

상담사: 냉정한 어머니시네요. 얼마나 힘들었어… 동생하고 관계는 좀
어때요.

내담자: 동생은 엄마가 워낙 저를 좀, 제 얘기 잘 안 들으시고 좀 무시하
시는 그런 경향이 있다 보니까 동생도 그걸 보고 자랐잖아요.

상담사: 그렇지

내담자: 그래서 동생도 어떤 순간에는 제 편에 서서 더 얘기를 들어 주
기도 하고, 엄마가 오히려 뭐라고 하시면 저한테 더 편이 돼
가지고, 엄마 그러지 마시라고 할 때도 있는데, 동생이 좀 저
를 무시하는 그런 경우 보이더라고요. 그게 여행을 같이 가서
느낀 적도 있고, 정말 본인이 뜻하지 않게 열 받게 되는 경우
에는 저를 이렇게 막 대하는 게 보여서 나중에 얘가 가정을
꾸렸을 때라든지, 아니면 뭐 여자 친구를 사귄다고 했을 때,
여성을 이렇게 무시하는 경향이 나오지 않을까 그게 좀 걱정
이 되더라고요. 신경 안 쓰면 되긴 하는데 가족이니까 이게…
신경 안 쓸 수도…

상담사: 지금은 가족도 중요하지… 하지만 우울 씨가 더 중요해요. 왜
냐면은 우울 씨는 이 세상에서 가장 귀한 사람이니까, 어느 정
도 귀하냐 하면 우울 씨 같은 사람은 이 세상에 아무도 없어
요. 그만큼 세상에 유일한 존재예요. 이렇게 귀한 사람인데…

내담자: 감사합니다.

상담사: 모두가 그래요. 모두 가장 귀한 사람들이야 그것을 평소에 잘 몰라, 사람들이 그래서 아프게 하는 말을 함부로 그냥 툭툭 던지고, 가족이라는 이유로 이래도 괜찮겠지, 이 정도는 이해해 주겠지, 무심코 툭툭 던진 말이 내 가슴에는 피멍이 들지, 그런 말은 정말 조심해 줘야 되는데, 그러지 못하는 사람들이 너무 많아요. 특히 자녀를 기르는 어머니들이 그런 점을 조심해야 돼요. 어린 시절에 마음의 상처를 받게 되면, 그 이후의 삶에 지속적으로 부정적 영향을 미치게 돼요. 한 번 경험한 일들은 그냥 사라지는 것이 아니라 무의식에 가라앉아 있다가 연상기억, 연상상황에 의해서 의식으로 올라오게 돼요. 한 번 경험한 일들은 회전판 원리에 의해서 재활성화 될 수밖에 없어요.

- 하 략 -

내담자는 첫 상담 후 3주 만에 왔다. 직장 내 업무가 많아 오지 못하였다고 하였다. 어머니와의 관계는 여전히 불편한 관계가 지속되었다. 내담자에게 가계도를 그리는 이유를 설명하고 가계도를 그렸다. 가계도는 가족의 구조를 나타내는 지도와 같은 것이다. 가족구성원의 개인적인 특성은 물론 가족구성원들의 관계를 기호를 통해 표시할 수 있으며, 관계망과 탐색을 하는 데 유용하게 활용한다.

상담의 흐름은 논리적이어야 하고 발전적이어야 한다. 그리고 가벼운 관계에서 점차 비중 있는 관계에 대해 탐색하여야 한다. 이와 함께 내담자가 불안과 고통스러운 정동을 가지게 한 원인과 관련된 것들에 대해 관리할 수 있는지 분석하는 것이 중요하다. 만약 내담자가 이러한 능력이 결여되었다면 상담사는 내담자의 불안을 경감시키는 노력을 하여야 한다.

- 전 략 -

내담자: 저도 힘든데, 왜 저는 그 순간에도 다른 사람 걱정을 하고 있는지, 그것도 저 스스로 답답하고 그렇더라고요. 친구 얘기 들어주다가 더 만나지를 못 하겠더라고요. 그 친구는 저를 만나면 제가 걱정돼서라기보다 저를 통해서 자기 아픔을 좀 이렇게 다독임을 받고 싶어 하는 거 같은 거예요.

상담사: 지지, 격려, 공감도 받고 싶어 하고, 내 얘기 좀 잘 들어 줄 수 있는 그런 역할을 해주기를 바랐는데…

내담자: 예

상담사: 우울 씨는 그 사람의 이야기도 이야기이지만 나의 아픔이 좀 크다 보니까 내가 아직까지 그것을 받아들이기가 마음으로 좀 불편하다.

내담자: 예, 제가 전해 줄 수 있다고 생각한 부분에서 이렇게 얘기를

하려고 하면, 솔직히 되게 크게 와 닿게 듣지는 않아요. 그게 느껴지거든요. 왜냐면 그 시절에도 그랬어요. 제 얘기는 저두 얘기를 하면 이렇게 잘할 수 있는데, 상대방이 좀 제 얘기를 받아들여지지 않는다고 생각하면 얘기가 술술 나오지 않거든요. 그래서 얘기하다 보면 또 말이 또 산으로 가는 거 같고 그 친구도 제 얘기를 귀담아듣는 거 같지도 않고, 크게 와 닿지 않는 거 같고, 그냥 너는 좀 들어만 줬으면 좋겠다라는 그런 느낌이 계속 와서 더 만나는 게 저한테 그렇게 좋은 영향이 될 거 같지 않고, 대화가 끝나고 나면 저한테 너무 고맙다고 그래서 계속 앞으로도 만나고 싶다라는 의사표현을 하는데… 그 친구를 만나면 제가 힘들었던 게 다 풀릴 줄 알았거든요.

- 중 략 -

내담자: 잘 기억은 안 나는데 초등학교 때 옮겼던 거 같아요. 5학년 돼서… 5학년쯤인 거 같은데, 그전이었나 방이 하나였었거든요… 식당을 했었거든요. 방이랑 가게가 이제 연결이 되고 그 장소가 그렇게 크지 않았어요. 이제 식탁이랑 이런 거, 거기서 사람들 앉는 장소 그리고 주방 그리고 바로 뒤에 이제 저희 가족 있는 그런 단칸방이었거든요. 거기서 살다가 장사를 접으신 지가 2년 내외였으니까 그전이었겠네요. 동생이랑 엄마랑 이제 같이 방 쓰고요. 저는 따로 썼어요. 방 두 칸 이사

하면서 쭉 지금까지 그렇게 지내고 있어요. 엄마 일로 동생한테 좀 영향이 있을 것 같아요.

상담사: 동생한테 영향이… 그러면 어떤 영향…

내담자: 본인은 남성인데 엄마랑 같은 방을 쓰고 있잖아요. 그 동생한테 영향이 있을 수 있지 않을까 싶어요. 저는 엄마랑 성이 같은데도 여성인데도 같은 방을 쓰고 싶지 않았거든요. 충분히 가깝지 않다고 생각했고 제가 유독 되게 까칠스러웠어요. 저는 저 혼자만의 공간이 되게 필요했어요. 강력하게 얘기해서 전 따로 이제 혼자 방을 쓰고 엄마도 편해 하셨고, 동생이 오히려 엄마한테 유한 존재였죠.

상담사: 동생은 몇 살 때까지… 엄마랑 한방을 썼어요.

내담자: 지금도 계속 한방을 쓰고 있어요.

상담사: 지금도

내담자: 예, 동생도 여자 친구가 있고 방에 이제 있는 시간이 그렇게 길지 않아요. 잠만 잠깐 자고 이제 나가는 공간이에요. 집이…

상담사: 잠을 엄마하고

내담자: 이불은 따로 피는데

상담사: 이불은 따로 피지만 한방에서

내담자: 예

상담사: 동생은 뭐라고… 엄마랑 같이 방 쓰는 거에 대해서…

내담자: 당연스럽게 돼 버린 거 같아요. 제가 엄마랑 계속 트러블이 있

고 하니까 떨어뜨려 놔야 된다는 생각도 있는 거 같고, 본인이 거기 있는 거에 대해서는 따로 방을 쓰고 싶다고 얘기는 해요. 본인도 남자고 장난스럽게 이제 친가 사람들한테는 엄마랑 방 쓴다고 결혼 벌써 한 거 같다고 그러면서… 그런 거야 계속 아무렇지 않게 얘기는 하는데, 저도 그냥 그게 좀 신경이 쓰여요.

- 하 략 -

상담에서 초기경험은 내담자의 성장과정과 현재 성향에 영향을 미치는 부분이 많기에 이를 살펴보는 것은 중요하다. 따라서 필자가 창안한 과거탐색기법을 적용하여 내담자의 미해결과제와 트라우마(trauma)를 살펴보았다.

성장과정에서 양육자와의 관계, 친구의 관계 등 생활사를 탐색하였다. 초등학교 때 내담자가 거주하는 공간은 방이 두 개였다. 어머니와 관계가 불편해서 초등학교 고학년부터 방을 혼자 쓰게 되었으며, 상대적으로 관계가 원만한 어머니와 남동생이 같은 방을 쓰게 되었다. 이러한 생활이 성인이 된 후에도 지속적으로 이어지고 있다. 어머니와 동생을 볼 때 편치 않았고, 미안한 생각을 항상 하게 되었다.

내담자는 고등학교 때 친구를 만나게 되었다. 친구는 자신의 이야기를 들어주기를 원하고 있으나 내담자는 자신의 문제가 커서 친구의 이야기를 들어 주기가 어렵다고 하였다. 또한 마음속에 담아둔 이야기를 내놓으며 수시로 눈물을 흘렸다.

허용적인 어머니는 자녀의 자율성을 존중하고 그 행동에 의한 결과를 격려, 지지하고 자녀의 성장을 지켜볼 것이다. 그러나 통제적인 어머니는 자녀의 행동을 감시하고, 제한하며, 행동에 의한 결과를 비난한다. 또한 양육하는 전체 과정을 고달프게 생각하며, 무관심하거나 방관하는 태도를 취하게 된다. 이러한 양육자의 감정적 분위기에 따라 일관성 없는 격한 반응을 보인다. 이러한 양육자의 태도는 자녀의 자아 형성과 특성에 큰 영향력을 미친다.

- 전 략 -

내담자: 대화하는 데 어려움을 느끼게 된 게 제 엄마랑 그렇게 계속해 왔던 그런 얘기들 때문에 평상시 생활할 때도 그런 느낌을 가진 상태인데 제가 제 마음을 잘 못 열고… 얘기하는 것도 충분하게 표현도 못 하고 그런 게 많더라고요. 지금 그런 것 때문에 인간관계에서도 계속… 계속 그게 저한테 표현이 되고 있는 거예요. 그거를 좀 없애고 싶은데, 어느 누가 와도 그 사람이 저를 충분히 이해해 주는 그런 사람들만 제 곁에 있는 건 아닌데… 다 인정하고 제가 하고 싶은 얘기 또렷하게 잘 표현하고, 눈치 보지 않고 좀 그랬으면 좋겠어요. 근데 어려서부터 이제 엄마가 워낙 엄하시고 호통도 치고… 막 치시고 밥 먹을 때나, 밥 먹을 때 사실 개도 안 건드린다잖아요. 저 밥 먹

을 때 되게 많이 혼났거든요. 뭐 남기면 남기는 대로, 뭐 이거 안 먹으면, 안 먹는 대로… 엄마가 걱정되고, 그냥 좀 잘 그걸 먹었으면 좋겠고, 하는 마음은 어느 부모에게나 있잖아요. 유독 막 이렇게 막 혼내고, 막 야단치고, 밥그릇 뺏고, 정말 이런 상황들도 많고 하니까, 제가 친척 집에 가서 밥 먹을 때, 근데 전 몰랐거든요. 어떻게 눈치 보면서 밥 먹는지, 너무 혼나면서 자라와 가지고, 무슨 상황이 일어날 때마다 엄마가 아니더라도 제가 눈치를 많이 보더라고요. 어디 가서도 그렇지, 이거 하면 사람들이 안 좋아하겠지, 제가 이렇게 생각하고 그게 많이 있었던 거 같아요. 근데 엄마는, 제가 어렸을 때 이렇게 막 어렸을 때만 이렇게 엄하고… 어렸을 때만 그런 게 아니라 늘 상 되게… 호랑이 같은 엄마… 근데 저 직장 생활하고 첫 월급 받았을 때 엄마가… 여태 아끼고 어렵게 키웠다는 건 아는데… 월급을 다 내놓으라고 하셨어요. 본인이 관리하시겠다… 싫다. 안 된다. 앞으로 제 재무관리는 제가 해야 되고, 저도 앞으로 생활을 해야 되지 않겠냐 했는데 이해를 못 하셨어요. 그 뒤로 출근할 때, 따뜻한 물로 씻잖아요. 그릴을 끄세요. 제가 진짜 겨울에도 차가운 물로 샤워를 하는 게 너무 싫으니까, 오히려 엄마 잘 때 괜히 새벽에 씻고 다시 자고 그러고 출근하고 이런 적이 있었거든요. 아니면 뭐, 정말 너무 견디기 힘들면 아침에 투덜거리고 하면… 나도 보일러 켜고 이제 씻으려고 하는데 그 와중에 또 꺼버리고 하면, 너무 이게 미치겠는 거예요. 밥도 집에서 끓여 먹으려고 하면 나와서, 부엌에 나와 가지고, 뭐 라면이라도 끓인다고 하면, 가스레인지 잠궈 버리고, 그럼 제가 하던 거 버리고, 저를 그렇게 괴롭히셨어요. 엄마의 뜻대로 안 되니까… 그러다가 제가 잠깐 집을 나왔었거든요. 따로 살았었어요. 한 3개월… 엄마가 들어와라, 들어와라, 왜 부모 마음을 모르냐… 근데 또 들어갔는데 똑같은 거예요.

상담사: 그렇지

내담자: 다시 나가고 싶은 마음이 들었는데…

상담사: 길들어졌네

내담자: 예, 엄마가 안쓰럽기도 하고 그리고 제가 나간다고 해도 계속 생각이 날 거 같은 거예요. 엄마가 어렵… 어려우신 거는 아는데… 저를 힘들게 하는 거는 너무 화가 나는데… 되게 안쓰럽고 뭔가 제가 더 그렇게 힘들면서도 챙겨야 될 것 같고 그런데 너무 힘들게 하셨어요. 저는… 밥 먹을 때도 그래서 요즘에 아무 일도 없는데 그래도 부엌에 밥을… 하려고 하면 나와서 밥 못하게 할 것 같고, 되게 뭘 하나 하더라도 집에 있는게 눈치가 보이고, 씻을 때도 괜히 엄마가 저 미워서… 괜히 보일러 또 꺼 버릴까 괜히 그런 생각도 들고, 고등학교 때도 제가 미우면 엄마는 안방에서 동생이랑 같이 맛있는 거 시켜 놓고, 문 잠그고 안에서 드시고 그러셨거든요.(울먹인다.) 동생은 유난히 이뻐 하시는데, 저는 되게 너무 무시하시고, 좋은

건 다 동생한테 줄려고 하시고, 동생이 어떤 짓을 해도 개한
테는 관대한데, 저는 되게 맨날 나쁜 년, 못된 년, 온갖 욕이
란 욕은 다하시면서 그렇게 동생을 많이 감싸고도시고, 저한
테는 나쁘게만 하셨어요.

상담사: 친어머니는 맞아요.

내담자: 예(호호호호호~) 아니, 그 얘기 많이 들어요.

상담사: 그 얘기 많이 들어요.

내담자: 예, 친구들도 아는 친구들은 알거든요. 그런데 깊은 속내까지
는 다 얘기를 못 하지만 정말 오래된 친구들은 알아서… 그
얘기를 많이 하죠. 진짜 친엄마인지 모르겠다. 내가 진짜 딸
이 맞나 이러면서 그런 생각이 많이 드는데 친척들도 아시거
든요. 엄마 이런 성격이나 저한테 이렇게 하신다는 거를… 보
일러고 이런 음식 뺏고, 이런 건 다 얘기를 안 했는데… 그렇
게 깊이까지 얘기 안 해도 저한테 어떻게 해서 제가 힘든지 그
런 거는 아시거든요. 이해를 할 수 없어요. 정말 친부모가 맞
나(호호호호호)…

상담사: 지금의 어려운 점이 어릴 때 성장과정 속에서 영향이 있는 거
예요. 나의 지금 행동하는 모습은 과거의 영향으로 인해서, 과
거의 미해결과제가 무의식에 가라앉아 있다가 회전판 원리에
의해서 재활성화 되듯이 의식으로 올라오게 되거든요. 우울
씨 같은 경우에는 이중구속에 오랫동안 처해 있었어요.

내담자: 이중구속이요.

상담사: 이중구속은 가족치료에 사용되는 전문용어예요. 아주 쉽게 설명을 하면은 엄마가 딸에게 모처럼 예쁜 옷을 사 줬어… 옷을 사 주니까 이 아이는 너무 기쁘잖아, 옷을 입고 나서 엄마 앞에서 자랑하려고, "엄마, 엄마, 이 옷은 이 세상에서 가장 예쁜 옷이야." 하며 애교를 부리니까, 그 모습을 보자마자 엄마표정이 싹 달라지면서, "그러면은 내가 전에 사줬던 옷은 안 이쁘단 말이냐!" 그 말을 듣는 순간 아이는 그게 아닌데 하며 어쩔 줄 모르게 돼요.

- 하 략 -

이중구속은 이중적 반응을 보이는 것이다. 이중구속 상황에 처하기 위해서는 동등한 관계에서는 성립이 안 되고, 상하관계가 되어야 한다. 직장 내 상사와 아래 직원, 선생과 학생, 선배와 후배, 부모와 자식 등의 관계에서 힘 있는 사람이, 힘없는 사람한테 무언가 지시를 하고, 이렇게 해와도 야단을 치고, 저렇게 해 와도 야단을 친다. 즉, 힘이 약한 사람은 어떠한 결과물을 제시해도 야단을 맞을 수밖에 없는 상황을 말한다. 이러한 환경에 지속적으로 노출되면 결정장애나 정신적 어려움을 겪을 수밖에 없다.

심리적·정서적 안정을 위해 명상의 좋은 점에 대해 설명하였고 내담자는 관심을 표명하였다. 필자는 명상요법의 자세 중 칠지좌법과 물구나무서기의 이로운 점에 대해 이야기하였고, 분노와 화 그리고 우울 등을 완화하는 방법에 대해 조력하였다. 물구나무서기, 명상, 산책하기를 과제로 내주었다.

상담사는 비핀단찍이어야 하고 친절하고 관심을 보여야 한다. 적절한 질문을 통해 필요한 정보를 수집하고 내담자의 문제를 올바르게 이해하고 있는지 명료화해야 한다. 질문은 증상과 관련된 어떤 것을 암시하는 형태를 취할 수 있고, 음성 그 자체가 전문가로서의 질을 함축하고 있어야 한다. 내담자가 원하는 말이나 꼭 하고 싶었던 말을 허용한다는 암시가 내담자에게 전해져야 한다. 상담사의 암시는 언제나 내담자가 더 좋은 상담의 결과를 이끌어 낼 수 있다든지, 받을 수 있다는 것을 기대해도 된다는 것을 전할 수 있어야 한다.

- 전 략 -

내담자: 오늘 아침에 이거 얘기해야지 하고… 하는데… 일주일간 직장 생활 하면서 제가 또 오해 받거나 무시 받았던 순간을 담아 둔 거예요. 이것을 그 사람한테 이렇게 말을 해야지라고 생각을 했는데, 그 사람이 상사니까 얘기를 그렇게 바로 하지는 못하고, 그래서 자고 나니까 그 꿈에서 나오는 거예요. 다른 대상한테 욕을 하는 꿈을 꿨어요. 그래서 아, 이런 것들이 쌓여서 꿈으로 나오는구나 싶어서 그걸 얘기해야지 하고 왔어요.

상담사: 그래서 꿈에서는 어떻게

내담자: 정확히 기억은 안 나는데 무슨 욕을 했는지 기억은 안 나요. 욕을 했다는 그런 어렴풋한 그럼 기억이랑 너무 열이 받은 그

느낌으로 일어났어요. 그래서 그런 것들이 좀 마음에 쌓여 가지고 지금 꿈으로 나왔나 보다 싶은 거예요. 하고 싶은 말을 못 했었나…

- 중 략 -

내담자: 아, 그리고 이건 제가 매 순간 느끼는 건데요. 엄마가 제가 잘못한 거, 이게 뭐 마음에 들지 않는 구석이 있으면… 뭐라 하고 이렇게 막 달려와서 막 뭐라 하고 그러고 화를 내거나 욕을 하거나 저한테 막 그렇게 했던 순간들이 너무 많으니까 그런데 친척들이 왜 밥 먹을 때 눈치 보냐고 얘기한 적이 있었다고 했었는데, 그게 생활 속에 있더라고요. 그러니까 뭘 하든지 간에 눈치를 보면서 해요. 혹시 이거 잘못해서 나한테 지금 뭐라고 하지 않을까 누가 나를 부르는 것도 되게 겁이 나고, 괜히 일을 하면서 그러고 있더라고요. 그래서 너무 이제 심리적으로 불안정하니까 심장이 막 두근두근대고 계속 조마조마한 순간들이 계속 있는 거예요. 그래서 나름대로 그냥 허브티 같은 거… 마음이 안정된다고 하니까 마셔서 좀… 아니다. 아니다. 하면서 집중하고 하는데 그게 계속 제가 그러고 있으니까 너무 답답하고, 그러니까 원망스럽기도 하고 계속 그러는 거예요. 그거를 말씀드리려… 누가 저한테 뭐라고 할까 봐, 계속 심장이 쪼이고, 눈치 보이고

상담사: 피해의식도 있고

내담자: 예, 괜히 제가 잘못해서 그 얘기를 하는 게 아니라 이런 방향으로 했으면 좋겠다. 뭐 조언으로 얘기할 수도 있는 건데… 저는 내가 잘못했나, 내가 뭘 못했나 괜히 이런 피해의식이 깔려 있으니까 스스로 너무 답답해요. 저도 처음에는 그러고 싶지 않은데 그런 거… 아니야, 아니야 그렇게 이야기 하는 게 아니야, 스스로 다시 한 번 이렇게 필터링을 해야지 그 사람의 얘기가 제대로 들리지, 처음부터 들어도 그 순간에는 내가 대체 왜 뭘 잘못했는데, 이렇게 먼저 받아들여지니까 답답한 거예요. 어떻게 해야 될까… 엄마랑 계속 같이 있는 순간에는 제가 방을 혼자 쓰고 있어도, 언제 엄마가 와 가지고 빨래를 던진다든지, 아니면 뭐라고 하고 간다던지, 그런 순간이 계속적으로 노출이 되어 있는 거니까, 집에 같이 있는 거보다는 좀 떨어져 있는 게 나을까 싶은 생각까지 계속 들거든요. 근데 또 혼자 계신 거 보면 되게 안쓰럽고… 말은 못 걸고 대화는 안 하면서 걱정은 되는데, 제가 이렇게 무시당하고 욕먹고 이런 것도 싫고, 불편하지만 같이 있는 거예요. 그래서 지금은 제가 이제 경제력이 어느 정도 된다고 생각하니까 엄마는 큰 소리를 그렇게 많이 못 하세요. 생활비를 제가 또 드리고 있는 부분도 있으니까 근데… 제 딴에는 정말 못된 심정으로 내가 이렇게 되니까, 경제력이 되니까, 엄마 두고, 엄마 나름대로 나 없어도 잘 사실 거니까… 나 혼자 그냥 내가 더 편하자

고 나갈 수 있어라고 하지만, 마음이 계속 힘든 설 아니까 되게 안 떠나는 거예요. 그러면서 제 마음은 더 힘들고 어떻게 해야 되나 하고 고민스러워요. (눈물을 흘린다)

상담사: 길들여진 거예요. 길들여는 졌는데 이것을 계속 당하고 있자니, 한쪽 구석에서는 계속 억울한 그런 생각도 올라오기도 하고, 이건 아닌데 하면서 벗어날 수도 없고… 양가감정과 너무 오랜 시간 이중구속에 처해져 있었어요.

내담자: (울면서) 제가 그렇게 계속 미운 짓만 한대요. 어렸을 때는 그렇게 미운 짓만 하는 거, 아니면 좀 이런 방향으로 개선을 시켜 주려고 하던지, 그렇게 했어야지(흐느끼며 운다.) 맨날 미운 짓만 한다고 그러면서 계속 뭐라고 하기만 한 게, 지금 성인이 되어서까지도 그러니까 저는 또 제 딴에는 열 받아서 엄마한테… 엄마가 그렇게 가르쳤으니까 이렇게 자란 거 아니야라고 얘기를 하는데, 그 말한 것도 잘한 거 같지 않은데… 잘못한 건데 그게 너무 억울한 거예요. (통곡을 한다.) 왜 이렇게 만들어졌냐. 엄마 때문이라는 그 사실이… 세상에 처음부터 못난 사람이 어디 있어요.(눈물을 흘리며 운다)

상담사: 크게 소리 내서 울어요. (크게 운다) 한참 울다 보면, 마음이 좀 안정 될 거예요… 얼마나 힘들었어…

내담자: 어린애 같고 그래요. 제가… 얘기를 하면 다음 주제에 섞여서 거기서 부모 얘기에 연결돼서 터지면

상담사: 그게 핵심감정이니까… 다른 얘기 하다가 또 엄마에 대한 이

야기로 돌아가고, 또 다른 얘기하다가 또 그 얘기로 돌아가고, 그런 걸 느끼게 될 거예요. 지난번에 명상하는 방법을 알려 주었는데 어떻게 해보았나요.

내담자: 예, 할 때 그 순간에는 마음이 좀, 속 깊이 편안해지는 느낌을 받았어요. 생각을 제가 떠올리기 나름인 거 같고, 제일 큰 거는 크게 안정된 느낌을 받았다는 거…

- 하 략 -

내담자는 이야기를 하다 보면 자연스럽게 어머니에 대한 미해결과제와 트라우마가 연결되어 역동이 일어나고 있다. 어머니로부터 벗어나고자 하는 마음이 있으나 한편으로는 어머니가 안쓰러운 마음도 있고, 이러한 양가감정으로 인하여 현재 상황에서 처신을 어찌해야 할지 모르겠으며, 이러한 삶에서 벗어나고 싶다고 하였다.

지난 회기 과제로 내주었던 명상과 산책에 대해 나누었으며 지속적으로 하면 심리적 안정에 도움이 될 것이라고 하였다.

제 11회기~12회기

상담과정 중에 나타나는 내담자의 저항은, 무의식에 자리 잡은 길들여진 사고 틀에 직면할 때 갈등으로 표출되는 과정이다. 이러한 틀은 항상성에 의하여 변치 않고자 하는 성향을 갖고 있다. 상담사는 내담자가 보이는 저항의 의미를 이해하고 해석해 줌으로써 내담자의 변화를 이끌어 내야 한다(임향빈, 2018).

- 전 략 -

상담사: 1년여 만에 오는 거 같아요. 중간에 카톡이나 문자는 주고받았고… 상담 이후 지난 시간에 어떻게 보냈어요.

내담자: 음… (3초 침묵) 큰 변화가 있었다고 하면요. 집을 이사를 했어요. 동생이랑 엄마랑 같은 방을 쓰셨고 그리고 제가 혼자 다른 방을 썼었는데, 큰마음 먹고 변화를 줘야겠다 해서 작년에… 겨울에 제가 동생한테 얘기를 해 가지고 집을 이사를 했고, 다 이제 각자 개인 방을 가지고 살게 됐어요. 동생이랑 엄마는 이제 마주 보는 방문을 이제 사용을 하지만, 저는 이제 위층 1, 2층으로 나누어진 구조로

상담사: 아, 복층

내담자: 예, 그렇게 살고 있고요. 오히려 좀 심리적으로 안정감… 전에보다 나아졌다고 볼 수는 있는데 음.. 거리감을 두고 이제 생활 하다 보니까… 계속 이제 등을 돌리고, 얘기를 안 하고 있는 그런 상황이기도 하거든요. 동생이랑 엄마는 일단 분리를 좀 시켜 논 상태구요.

상담사: 잘했어요. 전에도 계속 이야기 했지만, 엄마하고 다 큰 아들하고, 어린아이들이 아니잖아

내담자: 에… 근데 좀 안타까운 거는 여전히 엄마랑 제 관계가 냉전

상태이니까… 무서운 게 엄마가 그렇게 저를 대해 오셨던 게, 저도 그런 영향을 받았었던 사람이니까, 이게 다른 사람들한테 표출이 되고 있는 거 같아서, 저는 그걸 벗어나고 싶거든요. 지금 남자 친구랑 교제를 하고 있는데, 남자 친구는 사실 본인도 아픔이 있고 그리고 자기도 이제 상처를 받았던 일들도 있고 이러한 상황에서 저를 만나면서 서로 어떤 문제점을 가지고 있고 어떤 걸 개선해야 될지 알아요. 아는데도 서로 정말 힘든 기질이 하나씩 있는 거예요. 그런데 그중에 하나는 저는 이제 엄마한테 무시 받고 자란 그런 존중 받고 자라지 못한 환경에 대해서 상대방이 무시를 한다라는 어떤 느낌을 받으면, 거기서 되게 민감하게 반응을 하고 화를 내거나 섭섭한 마음을 표현을 하는 상황이 생겨요. 이제 남자 친구도 그런 부분이 있거든요. 근데 최근 들어 너도 그런 거 고쳐야 되지 않겠느냐라는 얘기를 저한테 하는데 저 혼자만이 아니라 제 남자 친구도 그런 부분이 있어서… 상대방은 온전히 그런 의도로 얘기한 게 아닐 수도 있는데 남자 친구든, 회사든, 친구든 간에 그런 상황이 뭔가 생기면 굉장히 힘들더라고요.

- 하 략 -

내담자는 1년여 만에 왔다. 지난 시간 동안 집을 이사하여 각자 방을 갖게 되었다고 하였다. 또한 명상과 산책을 지속적으로 하였으며 화와 분노, 피해의식, 우울한 기분 등은 많이 줄기는 하였으나 연상기억에 의해 안 좋은 기억들이 올라올 때가 있거나 지적을 받으면 마음이 불편하고 쉽게 사라지지 않는다고 하였다. 또한 어머니와는 여전히 관계가 안 좋다고 하였다.

제 13회기~15회기

상담사는 내담자가 처해진 상황을 이해하고 수용하여야 한다. 그 이해를 바탕으로 내담자의 불안한 심리현상을 제거하고, 자신감을 가질 수 있도록 지지해 주어야 한다. 이와 함께 내담자의 증상을 제거할 수 있는 방법을 모색하고, 만족한 결과를 가져올 수 있는 상담을 진행하여야 한다. 이를 위해 상담사는 직면을 통해 내담자를 아프게도 하고, 좌절시킬지라도 그러한 문제를 제거하기 위한 상담에 적극적으로 참여할 수 있도록 지지하고 격려하여야 한다.

- 전 략 -

내담자: 제가 좀 요새 혼자 힘들 때가 있어요. 사실은 좀 어린 나이에 승진으로 빠른 직책이 다는 거 있어서 사회에서 비춰줘야 될 모습이랑, 제가 원래 갖고 있던 모습이랑 조금 깊이가 있는 그런 게 있거든요. 나름 그런대로 잘 맞춰서 나가고는 있는데 그 와중에 연애가 겹치고 좀 심리적으로 불안정했고… 시기였던 거 같아요. 아침에 엄마(목소리가 올라가며)… 엄마에게로 얘

기로 들어가면요. 어느 누구한테 얘기를… 쉽게 털어놓지 못
하거든요. 꺼내 놓는다 하더라도 오히려 저한테 독이 되는 경
우가 많아요. 얘는, 얘는 키워주시고 길러주신 어머니에 대한
생각은 이렇게 하나라는 생각으로 비치니까 얘기를 안 해요.
못 하고, 안 하고 하는데 남자 친구한테는 정말 친구보다도
더 가깝게 지내는 정말 절친이 되는 그런 관계인지라 또 어떻
게 보면은 확장돼서 저의 어떤… 결혼… 인생의 동반자로서도
나아갈 수 있는 그런 사람들인 거잖아요. 그런 마음을 갖고
나면 저에 대해 이제 한 걸음 더 이해를 할 시간이 필요하다
고 생각을 해서 그쪽에서 먼저 손을 내밀면 좀 이렇게 털어놓
으려고 얘기를 하는데 이게 온전히 얘기를 할 수 있는 상대와
그렇지 못한 상대가 있는데, 이 사람은 다 털어놓을 수 있는
상대로 생각해서 다 털어놓은 거고… 웃더라고요. 근데 그마
저도 독이 됐나 싶기도 한데요. 남자 친구한테 얘기하면서도
많이 울었는데, 제가 엄마 얘기를 아직까지도 힘들어하는 걸
보면은 해결되지 못한, 제 인생에 있어서 정말 크게 해결해야
될 그런 과제가 엄마 인 것 같아요. 엄마가 살아계실 동안에
는 이렇게 끙끙 앓고 해결해야지, 해야지 하면서도 못 하는
부분이 있고, 이런데 만약에 진짜 돌아가시고 나면 내 삶은
어떨까라는 생각이 또 반면에 들거든요. 해결하지 못하고 그
렇게 보내 버렸을 때는 더 힘들 것 같다는 생각도 들기도 하
고 근데… 그게 이제… 울분이 아니 이렇게 막 쌓여 있으니까

이 마음으로부터 제 인간관계 사회생활까지 다 그렇게 영향력을 뻗어 나가는 거 같아요. 계속 별 얘기 아니라고 생각하면서, 말하면서도 엄마 얘기라고 하면 이제 눈물이 맺혀요.(눈물을 흘린다.)

- 중 략 -

상담사: 어렸을 때 혹시… 도벽 같은 것 좀 있었나요.

내담자: 아, 저 엄마 장사하실 때… 엄마가 동전 같은 거를 농에다가 넣어 놓으셨거든요. 오락하려고 손을 많이 댔어요. 엄청 혼났죠.(호호호) 문방구에서도 펜에 손 댄 적 있었고요. 가게에서 과자에도 손댄 적 있었고, 초등학교 4학년… 4학년 때까지 그랬던 거 같아요. 2학년 때 아빠가 돌아가시고 나서 3, 4학년 때 그렇게 좀 방황을 했던 거 같아요. 엄마한테 호되게 진짜 뼈가 부러질 때 까지 맞고 (호호호호) 진짜 호되게 맞고 그러고 나서는 이제 정신 차렸죠…

- 중 략 -

상담사: 어떤 점이 좀 다른 거 같아요. 다른 집하고 우리 집하고

내담자: 일단 제 위주로 생각을 하게 되니까 제 시선으로 바라봤을 때는 엄마의 그 어두운 그림자가 가정에 다 깔려 있고, 그러는

와중에 동생은 그런 엄마의 보살핌이나 그 지지를 받으면서 좀 감쌈 받고 자라왔으니까, 동생도 그런 분위기가 깔려 있고 지힌데도 있쇼. 있는데… 동생은 엄마가 이렇게 너무 감싸고, 도는 바람에 좀 자립심이 없어요. 그래서 저보다 이제 세 살 아랜데 충분히 사회생활을 하고, 지금 경제활동을 해 가지고 지금 전세자금 대출 받아서 온 거거든요. 근데 제가 저만 이렇게 계속 하고 있는 거예요. 초반에는 같이 모으자라고 해 가지고, 동생한테 얘기해서 동생이 취업하고 있는 상태에서 조금씩 모아서 이렇게 같이 했어요. 근데 동생이 회사의 비전이 없는 거 같다고 하고 이제 그만두고 잠깐 쉬었어요. 해외여행을 좀 다녀오고 싶대요. 그래서 다녀와라 하고 나서, 돌아와서는 뭔가 이제 자기가 할 수 있는 사회생활을 찾아야 되는데 안 그러는 거예요. 계속 놀고 있어요. 오랫동안… 그래서 전세자금 대출을 제가 계속 갚고 있거든요. 어떻게든 가족들이… 동생이 저한테 그렇게 따뜻하고 살가운 편은 아니에요. 제가 그렇게 노력을 하고 있다는 걸 아는데, 누나는 누나대로 그렇게 많이 벌잖아 하면서, 너대로 잘 살고 있으니까 당연히 이거는 해야지라는 게 깔려 있는 거 같아요. 엄마는 엄마대로 이 집은 내 집이 아니야, 라고 하면서 이 집은 소위 말하는 저년 집이지, 내 집이 아니야 라고 얘기를 하면서… 명의가 제거거든요. 어쩔 수 없이 전세자금 대출 받아야 되니까 세대주가 저고, 옮겨오면서 이제 세대원으로 두 분이 들어온 거예요.

상담사: 두 분이 아니고, 한 분 하고, 한 애… 동생이니까… 분은 높임 말이니까…

내담자: 아주 집에 있을 때면 저를 되게… 하찮게 되게 취급하는 그런 게 있어요. 그냥 같이 잘 살자, 그렇게 옮겨 온 건데, 저 혼자 잘 살고 있는 느낌으로 바라보는 것 때문에, 그 반면에 이제 저를 미워하는 구석이 있는 거 같은 느낌인데, 뭐 그래도 상관은 없어요. 어차피 가족이고 다 잘 살아 보자고 더 경제활동이… 환경이 좀 나아지면, 가족들도 좀 심리상태에 좋아하지 않을까 라는 기대에 집을 넓혀 온 거니까,

- 중 략 -

내담자: 정말 속이 상해서… 두 분이라고 얘기했는데 그냥 남남처럼 얘기하는 거죠.

상담사: 그런데 우울 씨가 이야기하면서 표정이 수시로 지금 달라지고 있어요.

내담자: 예…

상담사: 평상시에도 사람들과 대화할 때 그런 모습들이 나타나나요.

내담자: 제 표정이 많다고 얘기해요. 사람들이…

상담사: 표정이 많다고…

내담자: 예, 표정이 많고… 표현 다양하고, 리액션도 많고

상담사: 표현이 다양하다 하면은 어떤…

내담자: 표현이 다양하다는 거요. 포커페이스인 사람들도 있고, 있잖아요. 그냥 나무처럼 이렇게 똑같은 표정만 짓고 있는… 근데 지는 그냥 좋으면 좋고 어, 이거 되게 당황스러우면 당황스럽고, 이런 표정들이 그냥 다 이제 나타난대요. 그게 사회생활 할 때 조금 힘들 때가 있죠.

- 하 략 -

내담자는 자신의 잘못된 표현에 대해 이야기를 들으면 합리화시키려고 한다. 이는 처해진 환경에서 살아남고자 습득된 방법이며, 방어기제가 활성화 되어 표출한 것이다.

어린 시절 도벽이 있었다는 것은 세 가지 이익을 얻고자 하는 것이다. 첫째, 부모의 관심을 끌려는 것 둘째, 필요한 것을 사기 위한 것 셋째, 친구들에게 사주고 싶은 것을 사주기 위한 것이다. 그중 부모의 관심을 얻고자 하는 것이 가장 큰 요인이다.

제 16회기~17회기

해석은 의식과 가장 가까운 곳에 있는 고착으로부터 시작된다. 내담자가 피할 수 없었던 무의식적인 충동에 대한 것보다는 당장 방어를 하고 있는 내용에 대한 것을 해석한다는 것을 의미한다. 상담에서의 해석은 저항에 대한 내용을 대상으로 하고 대체로 여러 차례에 걸친 해석을 되풀이한다. 하나의 주어진 문제에 대한 해석이라 할지라도 그 해석의 전후 과정을 반복하면서 되풀이하는 것은 그 저항에 들어있는 내용의 요인들이 다양하기 때문이다.

- 전 략 -

내담자: 가족들은 저를 원망하고 있나 하는 구석이 있나 싶기도 해요. 저는 안 한다고 생각하면서도 그냥 가족들의 반응을 보면… 너만 잘 살고 있는 거 같다. 라는 생각으로 바라보는 거 같아서, 엄마도 자꾸 그 얘기를 하시고요. 너만 잘 사냐… 처음에 경제활동 했을 때, 취직이 딱 됐을 때, 고등학생이었거든요. 그게 이제… 고등학교가 상업계열이었고, 저는 취직을 목적으로 열심히 공부를 했고, 그래서 선생님이 좋은데 이제 추천을 해주서 가지고, 제가 꼭 들어가고 싶은 회사가 지금 회사였어요. 잘 들어가서 취업 소식 딱 드렸을 때, 엄마가 굉장히 축하를 해주셨는데 이제 취직을 하고, 첫 달 근무를 했단 말이에요. 그러고 나서 월급이 나오잖아요. 그 월급을 엄마를 다 달라는 거예요. 너한테 용돈을 줄 테니 너의 월급은 내가 관리하겠다… 전 싫다고 했어요. 저는 이제 사회인이다. 학교 다닐 때도 그 얘기를 무수히 많이 들었거든요. 선생님들이, 절대 너희는 이제 앞으로 어린아이가 아니야, 경제 활동을 하기 시작하는데 그 경제활동을 시작함으로써 부모와 충돌이 있는 경우가 많아라고 하시면서 너희가 재테크하는 것을 이제 스스

로 부딪쳐 가면서 알아야 되는데, 그거를 이제 엄마가 관리해 주기 바라지도 말고, 그렇게 하려고 해서, 그렇게 한다는 부모 가 있다고 해서, 그걸 수긍하지도 마라고, 얘기를 하시는 똑 부러진 선생님이 계셨는데 저의 가치관으로도 그랬거든요. 맞 죠… 그렇게 생각하죠. 그래서 다 같이 잘 돼야지, 제 거를 이 제 엄마가 관리한다고 해서 계속 의존하면서, 이렇게 사는 건 같이 잘 되는 게 아닌 거 같은 거예요. 달라고 하시더라고요. 다 내놔… 내놔라고 하셨어요. 이제 표현이 딱, 마치 제가 엄 마의 소유물이니깐 제 돈도 엄마의 소유인 거… 싫다고 얘기 를 했죠. 그러고 엄청 싸웠어요. 첫 스무 살 되는 그해에 정말 많이 싸우고, 심한 말도 오가고, 전 도저히 이 상태로는 회사 를 못 다닐 정도로 심각하게 저를 괴롭히셨거든요. 겨울에는 보일러를 꺼 버려서 찬물로 씻게 하고… 회사를 아예 못 나가 게끔 문도 막 걸어 잠그고… 밥도 집에 가서 못 먹는 거예요. 먹고 싶은데 자꾸 뭘 만들어 먹으려고 하면 가스레인지 다 꺼 버리고, 프라이팬 집어던지고 엄청 괴롭혔어요. 그래서 저는 그게 트라우마로 남았고, 그래서 집에서 밥을 잘 안 먹어요. 또 와서 저 괴롭힐까 봐, 집에서 혹시 뭐 엄마가 사 놓은 과일 있으면 그걸 조금이라도 주워 먹었다가 그러면 나중에 알게 되면은, 어떤 도둑고양이 같은 게 와 가지고 과일 집어 먹고 갔다라고… 제가 사다 놓은 건 다 같이 잘 먹으면서, 원래 먹 어도 제가 뭐라고 안 하니까 몰래 먹는 것도 아닌데, 가족이 같이 먹는데… 그런데, 아무튼 그렇게 많이 괴롭히서 가지고… 경제력을 가지고 엄마가 많이 욕심을 내셨던 거 같아요. 당연한 권리라고 생각하시면서 욕심을 내시고 그랬던 거 같아요. 저의 생각은 제가 경제활동을 하면서 스스로 재테크도 해보고, 그리고 가정에 이제 보탬도 되고, 이렇게 생활비도 드릴 계획으로 이제 차곡차곡 쌓았단 말예요. 얼마를 받는지 아니까 이 돈은 얼마만큼, 이 돈은 또 보험에, 이 돈은 뭐 적금에 이럴 건데 하면서 계획을 막 세웠단 말이에요. 엄마는 네가 뭘 할 줄 아느냐 라고 하는 거예요. 뭘, 뭘 하겠냐, 엄마한테 줘야지, 니가 키워준 은혜를 모르고 괘씸하게 니가 그걸 다 갖겠다고 하는 거냐. 그러고 이제 하면서 저를 이제 무시하는 거예요. 집을 나갔어요. 아직도 나를 어린아이로 보는구나라고 이제 생각을 하고 스무 살 되던 해 거의 말쯤에 싸워도, 싸워도 너무 이대로 못 살겠어서, 출근도 못 하게끔 그렇게 괴롭히시니까 집에 있는 순간 자체가 너무 힘들고 그래서 보증금 많이 주지 않는… 또 멀리도 못 벗어나고, 또 근방에 있는 집으로 가 가지고 몇 개월 살았어요. 보증금 얻어 가지고 몇 달 살았어요. 6개월 안 됐나, 4개월… 4개월 정도 살았나 보다… 그 정도 살았어요. 엄마가 또 부모의 마음을 모르고 니가 또 그렇게 매정하게 나가 버리냐, 이러면서 또 되게 애타게 잡으시는 거예요. 이사를 갔죠. 또 들어갔어요. 들어갔는데, 또 다시 시작인 거예요. 괘씸한 년 뭐, 더 괴롭히기 시작하셨죠. 다시 나가지는 않았어요. 왜 그랬냐면요. 나갔는데 거기서 이제 누가 뒤 쫓아와 가지고 남성이었어요. 뒤쫓아와서 제가 문을, 집 문에 열기 직전에 뒤에 오는 기운이 느껴져서, 빨리 재빨리 문 따고 들어가서, 문을 확 닫았거든요. 닫았는데 그쪽에서 열라고 하는 거예요. 그리고 주방문이 바로 옆에 있었는데 문을 막 열어제키려고 하고, 그런 무서운 일이 있어 가지고, 혼자는 지금 못 살겠다 해 가지고 조금 더 형편이 좋아지면 보안도 괜찮은 곳으로 가는 게 좋겠다. 해서 이제 집으로 들어갔고 나오진 않았어요. 근데 엄마는 계속 이제 경제력 가지고, 얘기를 많이 해서서…

- 중 략 -

내담자: 이층집을 따로 계단에 올라와서 문 열고 들어올 수 있어요. 그래서 친구들은 보통 그렇게 오거든요. 안으로 들어오면 엄마를 마주쳐야 하니까, 그날따라 이 친구는 저희 엄마를 한 번도 본 적이 없으니까 어르신도 계시다고 하니 과일을 기어코 사 들고 오겠다고 하는 거예요. 그래서 그냥 괜찮다고 했는데 엄마가 계신다고 하니… 친구들이 참 착해요. 과일을 사 온 거예요. 어쩔 수없이 아래층을 통해서 올라가는데 "어머님 안녕하세요. 저 누구입니다." 하고 이제 인사를 했는데, 엄마가 어, 그래 누구구나 하면서 왔니, 왔어 이렇게 인사를 해주

면 좋잖아요. 그게 아니라 친구를 멀뚱멀뚱 쳐다보다가 아무 표정이 없이 쳐다보는 거예요. 제가 민망해가지고 가려고 하는데 친구가 안녕하세요. 인사를 했죠. 했는데 그냥 봐요. 친구 누구라고 이야기를 했는데… 친구가 분위기가 당황스럽잖아요. 계신다고 해서 과일 사왔다고 이야기를 했더니 엄마가 또 그 와중에 "집에 먹을 거 많은데"라고 하는 거예요. 먹을 거 많기는 뭐가 많아… 하나도 없고… 그리고 그렇다 하더라도 그렇게 얘기하면 안 되잖아요. 그러니까 친구가 생각해서 사 온 건데 제가 다 민망한 거예요. 안 사와도 되는데라고 하면서 끝에는 고맙다고 했나 그 말도 좀 잘 기억이 안 나요. 그래서 너무 미안하고 또 무안하고 또 그래 가지고, 우리 올라가자 이러고 제가 대충 분위기를 수습하고, 친구들을 위해서 배달음식을 시켰어요. 근데 아래층에는 엄마가 계시잖아요. 안 드리면 마음에 걸려서… 그래서 이제 제가 드리면 또 안 드세요. 친구들도 왔고 친구들이 갖다 드리면 드시는 거 알거든요… 시켜 가지고 먹어야겠다. 해서 족발이랑 피자를 시켰죠. 배달 음식이 1시간이 지나도 배달이 안 오는 거예요. 이상해 가지고 제가 전화를 했죠. 배달 아까 진작에 갔다라고 해요. 봤더니 엄마가 배달 음식을 다 받아 놓으시고 아래층에 놔둔 거예요. 안 부른 거예요. 저희를… 그래서 제가 너무 당황스러워 가지고 음식을 들고 올라갔죠. 아유 미안하다. 이거 밖에 있는데 연락을 안 주고 그냥 갖다 놓고 갔나 보다 하고

서 먹으려는 참에 음식이 많으니까 일부는 덜어서 어렸을 때부터 알던 친구가… 내가 갖다 드리면 안 드시는 걸아니까 그 친구한테 갖다 드리라고 하고… 디 느셨더라고요. 가는데 가는 중에노 또 이제 새로 온 친구가 "어머니 늦은 시간에 죄송합니다. 이제 그만 들어가 볼게요. 안녕히 계세요." 인사를 했는데 대답을 안 하고 쳐다만 보는 거예요… 이 친구가 뭐라고 생각을 할까 그러면서도 또 친구한테 미안한 생각이 계속 들어 가지고… 나가면서도 엄마에 대한 생각이 떠나지 않는 거예요. 좀 엄마가 친구한테 잘 대해주었으면 참 좋았을 텐데라는 생각도 들고… 엄마를 바꿀 수 없으니까요. 그냥 아쉬움 반, 속상함 반이라고 친구들… 또 그 한 달 사이에 있었던 일이 너무너무 속상했어요. 친구한테 너무 미안하고, 원래 알던 친구들, 그냥 그러려니… 집에 잘 안 오고…

상담사: 여러 가지 겪었네요. 여러 가지

내담자: 예(호호호)

상담사: 우울 씨는 항상 남 걱정하고, 미안해야 될 사람이네요.

내담자: 예(호호호)

상담사: 지금도 이야기 중에, 그 와중에서도 엄마 걱정하고 있어, 친구 걱정하고 있고, 주변 상황에서 그 속이 얼마나 까맣게 타 있을까…

내담자는 지난 상담 이후 한 달 만에 왔다. 억압하고 있던 어머니에 대한 이야기를 꺼내면서 초기에 비하여 역동과 눈물을 흘리지 않으며, 이야기를 이어 나갔다. 직면을 통한 둔감화가 나타나고 있다. 집에 친구들이 놀러 왔을 때 자연스럽지 못한 어머니의 행동에 당황하였으며, 친구들 보기가 민망하였다고 하였다.

제 18회기~19회기

사람들은 때에 따라 알 수 없는 불안으로 인하여 신체적·심리적·정서적으로 어려움을 겪으며, 삶의 질이 낮아지게 된다. 신체적으로는 근육의 긴장, 빨라지는 호흡, 떨림 등이 나타난다. 심리적으로는 모호하거나 마음속으로 예상되는 임박한 위험에 직면해서, 무력감을 느끼고 걱정하면서 자신에게 몰입하게 된다. 이러한 불안을 느끼는 일차적인 이유는 위기에 말려든 자아를 보호하려는 전조 증상이며, 이차적으로는 받아들이기 힘든 냉정함과 불합리성에 대한 무의식적 저항을 표출하는 것이다.

- 전 략 -

내담자: 저 요새 불안한 감이 계속 깔려 있는 거 같아요.

상담사: 불안한 마음…

내담자: 예, 조금 됐는데 회사에 앉아 있을 때도 아무도 저를 부르지 않았는데, 누가 저를 불러서 말을 시키는 그런 과정이, 사실은 일하면서 당연한 건데 요즘에는 앉아 있으면 불안한 마음으로 계속 앉아 있었어요. 그걸 조금 떨치려고 종종 회의를 이렇게 잡아서 나름 업무시간을 갖기도 하는데, 진짜 너무너무 바쁠 때는 그런 게 생각이 안 나는데요. 살짝 여유가 있을 때는 그 불안한 마음이 살짝 이렇게 일렁일렁하더라고요. 집에서는 사실 지금은 뭔가 활동을 하러 나가야지 제가 좀 마음이 편안한 상태인 거 같아요. 조용히 이제 책을 집에서 읽고 싶어서 요즘엔 집에서 책을 못 읽겠는 거예요. 잘 안 들어오더라고요. 그래서 어디 좀 떠나서 책 읽는 시간 좀 가지려고 생각하고 있어요. 아직… 이렇게 마음의 상처가 좋아지는 것 같은데, 살짝 남아 있는 거 같아요.

상담사: 보통 우리가 생각하는 집이라면 안전한 공간, 집이란 공간 내에서 편안하게 휴식을 취하면서 재충전하는 그리고 가족 간의 지지, 격려라든지, 무조건 내 편이 되어 주는 사람들 이게 가족인데 우울 씨 같은 경우에는 오히려 집에 있는 것이 상당히 불편한 상황이 되고 있어요.

내담자: 이사 오고 나서는 분리가 되어 있으니까 괜찮았거든요. 근데, 요 근래 좀 갑자기 그러니까

상담사: 직장에서도 불안한 감이 올라온다고 했는데 어느 정도예요.

내담자: 숨이 좀 가쁠 때가 있어요. 사실은 지금도 조금 안정된 상태

는 아닌 것 같아요. 사람들이 보기에는 모르는 부분인데, 저만 느낄 수 있는 그런 불안감… 제가 가만히 앉아있어도 조금 숨이 좀 고르지 못하다라는 긴 숨이 좀 고르지 못하는 느낌이에요. 이렇게 몰아서 가파르게 쉬는 듯한 느낌이었어요. 좀 진정하려고 이제 좀, 숨 호흡을 많이 하는데, 계속 이제 있더라고요. 요즘에 일하면서 좀 계속 이래 가지고, 그러면서 또 사람들이랑 얘기하고 또 이제 업무 보고하고, 일하면서는 제가 또 말을 해야 되잖아요. 그러면서 또 농담도 주고받고 업무 대화를 이어가고, 하다 보면 어느새 이거는 잊혀져요. 없어져요. 근데 혼자 있는 시간 아무것도 없는 그런 정적인 순간에서는 제가 자꾸 이렇게 올라오는 거 같아요. 이거를 모른 척하려고 계속 했었는데 아닌 거 같아요. 이거를 제가 지금 갖고 있는 게 정상 상태가 아니라는 걸 요새 느껴 가지고, 스스로 좀 이렇게 많이 보려고 노력은 하는데, 잘 안 없어지더라고요. 이 정도까지는 아니었던 거 같은데 제가 잊어서 그런 걸 수도 있어요. 예전에도 뭐 있기는 했었는데, 요새 제가 제 마음을 돌이켜 들여다보려고 하니까 이게 보이더라고요. 안정을 찾으려고 하고 있는데…

상담사: 한번 경험한 것은 반드시 재활성화 될 수밖에 없어요. 그런데 재활성화 되는 것도 즐거운 경험들이 재활성화 되면 삶이 즐거워지지만 어두운 그림자가 재활성화 된다고 하면은 괴로울 수밖에 없어요. 지금 불안감이 올라오는 이유도 내가 경험했

던 부정적인 경험들이 마음을 흔들어 놓는 거야

- 중 략 -

내담자: 좀 과했던 게, 제가 뭐 믿거나 엄마랑 다툰 날이면, 동생이랑
배달음식을 시켜서 방문을 닫고, 둘이서 먹는다던지 그리고
동생도 이제… 동생도 엄마랑 똑같이 저를 무시하거나, 막 이
렇게 좀 하대하거나 이런 일이 그 집에서부터 좀 많이 있었어
요. 그리고 나서 이사를 두어 번 더 간 건데 그리고 나서 한
번 더 가고, 한 번 더 가서 그 집에는 정말 오래 살았는데 여
하튼 처음 그렇게 분리됐던 시점부터 괴롭힘을 받았던 기억이
좀 많이 있는 거 같아요. 그래서 뭘 해서 먹으려고 하면 그러
지 못하게… 하는 것을 뺏어 버린다거나, 근데 저는 경제력이
없는 학생 시절이니까, 어떻게든 엄마한테 잘 보여야지만 이거
를(눈물을 흘리며 운다.)

상담사: 울고 싶을 때는 크게 울어요.

내담자: 경제력이 없으니까 제가 집 안에서 뭔가를 먹어야 되는데, 먹
지 못하는 순간은 굶을 수밖에 없잖아요. 그러기는 싫고 나가
서 또 먹자니, 가족들은 이모나 아니면 뭐 큰집이나 다 널려
있긴 한데, 가서 또 괜히 인사드리고, 또 뭔가 식사를 하러 가
는 거 자체가 저는 아니라고 생각을 했어요. 제가 제 집에서
해결을 해야지 그래서 제가 생존하기 위해 찾은 방법은 엄마

한테 잘못했다라는 감정이 들지 않은 순간에도 잘못했다라고 얘기를 했어요. 그냥 살아남기 위해서, 제가 살아야 되니까 안 그러면 저한테 그렇게… 경제적인 거를 도와줄 사람이 없잖아요. 그러면서도 이제 엄마도 어려우시면서 저랑 동생이랑 키우는 어려움을 겪고 계시면서, 이렇게 살고 계시니까 그거를 최대한 위안 삼았던 거 같아요. 엄마도 이렇게 힘든데 내가 더 힘들게 하는구나 하면서, 저는 저를 자책을 너무 많이 (소리 내어 울음을 터트린다.) 그래서 맨날 죄송하다고 하고, 또 다음부터 이러지 말라고, 잘못하지 말라고 얘기하는데, 저는 그렇게 잘못한 게 아니었는데 그냥 엄마한테 순종할 수 없었어요. 제 마음에서는 엄마에 그 주장을, 그 뜻대로 다 받아들일 수가 없었어요. 납득이 될 만한 이유가 아니었으니까… 무조건 그냥 제가 미운 그런 일들이었다고 생각해요. 같은 이유라 하더라도 동생한테는 안 그러시니까…

- 하 략 -

자아가 강한 사람들은 상대적으로 좌절 내성에 대한 강한 지속력으로 인해, 더 큰 불안을 경험하지 않게 되며, 시간이 흐르면서 정상을 회복하게 된다. 반면에 자아가 취약한 사람들은 부적절한 좌절 내성으로 인하여, 충동을 자제하지 못하여 두려움을 고취시키고, 삶의 질을 낮게 만들기도 한다.

내담자는 성장과정에서 양육자로부터 받아야 할 인정욕구가 충족되지 않았으며,

이중구속에 처하여 살아왔으며 이러한 일들은 미해결과제로 남아 현재의 삶의 질을 낮게 하는 데 영향을 미치고 있다. 상담을 할 때마다 주제가 자연스럽게 어머니로 옮겨가면서 역동이 일어나고 있다. 따라서 내담자의 자아존중감 향상과 내적 강화를 위하여 조력하고자 한다.

제 20회기~21회기

심리치료에서 효과적인 것으로 보이는 또 다른 변인, 혹은 과정은 둔감화이다. 내담자가 치료상황에서 일정 기간 동안 자신의 어려움을 논의하고 자신의 문제를 치료자와 공유해 감에 따라 문제의 심각성과 어려움이 점차 줄어드는 것으로 관찰 결과와 관련된 것이다. 내담자가 고민하고 있던 문제를 치료자와 함께 반복해서 논의하는 것은 긍정적인 치료적 효과가 있는 것으로 보인다(권석만 외역, 2006). 상담사는 내담자의 긍정적 변화와 치유를 위하여 핵심감정에 직면시켜야 하고 둔감화를 이끌어 내야 한다. 이를 통하여 자각과 통찰이 일어나도록 하여야 한다.

- 전 략 -

내담자: 어제는 혼자 계속 좀 여유를 가져보고 아침에 산보하고 오후에는 계속 집에서 조금 잠자다가 카페 나가서 책도 보고 잠들었어요. 불 켜고 자 가지고 제가 지금… 특별한 건 없었습니다.

상담사: 여전히 집에서 밥은 안 해 먹고

내담자: 예, 그냥 시켜 먹거나 아니면 라면 같은 거 물 끓여서 간단하게 빨리 먹을 수 있는 거…

상담사: 언제부터 이렇게 집에서 안 먹기 시작하는 거예요.

내담자: 밖에서 나가서 먹은 지는 제가 경제 활동을 하고 나서부터, 20살 이후부터 그렇게 밖에서 먹으려고 했어요. 같이 밥 먹는 시간이 즐거워야 되는데 저는 같이 밥 먹는 시간이 즐거웠던 기억이 잘 없어요. 그래서 혼자서 먹는 게 더 편해요. 그렇다 보니까 다른 사람들이랑 식사할 때도, 어떻게 식사를 해야 좀 편안한 분위기에서 즐겁게 할 수 있는지, 그런 게 조금 저한테는 거리가 먼 거 같아요. 어려운 거죠… 가족 간의 대화 자리가 식사 자리로부터 비롯되는 경우가 많을 거 같은데, 저는 그게 없어서

- 중 략 -

상담사: 자식 입장에서 받아야 될 부분들을 못 받고 성장했다는 거예요. 거기다가 심리적으로 밀어만 내려고 했었고, 그러다 보니까 혼자 나름대로 방법을 찾아야 되는 거야, 그러면서 혼자 배우게 되는데 누가 가르쳐 주지 않으니까, 거기다가 롤모델도 없는 상황이고, 그러다 보니까 내 나름대로 알아서 성장해 버린 거예요. 바르게 성장하기 위해서는 굽어진 곳은 바르게 잡아 주고 그래야 관계 속에서 바르게 살아가는 거예요.

내담자: 저는 제 위주로 생각을 해서 그런지 모르겠는데… 이모는 알 거든요. 엄마가 그래서 제가 밥을 먹기 힘들어하는 거를 아니 까 위에서 그냥 따로 챙겨 먹는 것도 알고, 그래서 외가 식구 들은 그냥 시간이 지나면 좋아지겠지라고 하시는데, 저는 시 간이 지나도 더 나아질 거라고 생각은 안 하거든요. 밥 먹는 게 좀 어려웠어요. 몸이 영양분을 잘 이렇게 챙겨 먹고 그래 야지 건강하게 이렇게 자라는데 20대 중반까지는 그나마 젊 으니까 어리니까 그때까지만 해도 힘이 있었거든요. 뭘 해 도… 밖에서 또 이렇게 먹으면 되지 하고 이렇게, 그런데 후반 들어서니까 제가 많이 못 챙겨 먹고, 부실하게 먹고 있구나 싶어서 오히려 더 밖에서 더 영양분을 막 섭취하려고 고기 같 은 것도 챙겨 먹으려고, 혼자 이렇게 나가서 많이 이렇게 해 요. 밥, 반찬, 집반찬이랑, 집밥 이런 게 밖에서 먹는 거랑 다 르잖아요. 또 해먹고 싶은데 그게 또 안 되고 하니까 이제는 저를 위해서라도 제가 주방을 활용할 수 있도록 나가서 좀 해 야 되나 이런 생각을 했었죠.

상담사: 2년 전인가 아마 처음 상담을 할 때

내담자: 아, 예

상담사: 그때도 상담이 끝날 무렵에 내가 이런 얘기를 했을 거예요. 앞 으로 어떻게 하고 싶냐고, 독립해서 나와서 살든, 안 그러면은

같이 식구들과 살든, 그것은 우울 씨의 선택이라고… 마음이 가는대로 행동이 따를 수밖에 없기 때문에… 그런데 지금 2년 전에 고민을 지금도 똑같이 하고 있어

내담자: 예…

상담사: 2년이 흘러도 똑같이 할 거예요.

내담자: 예(호호호)

- 중 략 -

내담자: 그래서 이 집을 조금 줄여서 엄마가 갖고 계신 돈에 더 보태서 가실 수 있게 그냥 따로 분리를 하고, 제 거를 따로 해서 저도 1년 후에는 경제력을 좀 정리를 해서 나가려고 그러는데요. 너무 옥죄는 시간을 보냈던 거 같아요. 충분히 다 잘해낼 수 있는데 오히려 엄마가 이렇게 키웠기 때문에 제가 어딜 나가서도 되게, 생활력이 강한 부분이 있어요. 뭘 하더라도 어떻게든 살아남을 수 있어라는 그런 게 있거든요. 회사에서 활동을 하더라도 저는 끝까지 이렇게 뭔가를 붙들고 어떻게든 해내는 타입이어서 그런 부분에 있어서는 엄마가 강하게 키워주셨구나라고 이렇게 긍정적으로 생각해요.(호호호…)

상담사: 엄마가 이렇게 강하게 키워주셨구나, 이게 지금 우울 씨가 갖고 있는 생각이네요.

내담자: 왜냐하면 그냥 저를 부족함 없이 키워 주셨으면, 더 내가 이

런 일까지 다 감당해 나가면서 잘 이렇게 헤쳐 나갈 능력이 없을지도 모르겠다. 이런 생각을 하는 거보다는 그냥 제가 갖고 있는 지금이면, 이러한 면이 저한테는 살아가는 데 큰 도움이 되는 면이니까, 그냥 엄마가 그냥 이렇게 키우셨으니까 제가 이런 능력을 갖추었죠라고 이제 생각을 하는 게 오히려 저한테 제 마음으로 서는 그게 편한 거죠. 제가 사랑을 받고 자랐고, 엄마가 물 한 방울 안 묻히게 하고 자랐으면 제가 생활력이 이렇게 강하지는 않았겠죠. 내버려 두고 어떻게든 니 알아서 하겠지, 신경도 안 쓰고 이렇게 키우니까, 이렇게 키우셨으니까 제가 그래서…

상담사: 그래서 삶의 질이 높아졌나요.

내담자: 어… 삶의 질이 높아지진 않았죠. 제가 살아온 과정에서 엄마의 역할이 그렇게 중대한 역할이 아니었어요. 그러니까 삶의 질을 더 높여, 높일 수 있어… 높일 수 있도록 엄마가 더 이렇게 신경을 썼더라면 저는 다른 삶을 살았을 지도 몰라요. 근데 신경을 안 쓰고 저를 오히려 더 깎아내리셨으니까 제가 더 오히려 생존하려고, 더 이렇게 바동바동 노력을 했기 때문에 앞으로 어떻게 살든지 간에 저는 어떻게든 잘 살아 낼 수 있는, 그런 힘을 길렀다는 거예요. 그 과정 속에서 부족함이 있었기 때문에 그걸 더 채우려고 노력을 했고, 엄마가 주시는 대로 그렇게 살고 싶지 않았기 때문에 저는 더 나은 삶을 살 수 있고, 더 잘 살 수 있는데 그렇게 제가 못난 환경에 처해

있다라고 생각하고 싶지 않고, 엄마를 원망하지 않으려고 그냥 떨어뜨려 놓고 자꾸 생각을 하다 보니까, 제가 계속 그래, 그냥 엄마가 그냥 이렇게 키웠으니까 내가 생활력 이렇게 강해졌지, 그래 이거를 큰 장점으로 삼자 이러고 내 생활의 강점, 다 이렇게 생각을 하는 거예요. 그렇다고 엄마가 저한테 좋은 걸 주셨다. 라고 이렇게 생각하는 게 아니라 원망하는 생각을 그냥 버리기로 했어요. 그게 저를 오히려 더 힘들게 하니까, 원망한다 해도 지난 시간 다 돌릴 수도 없는 거고 사람은 쉽게 변하지 않으니까, 제가 제 살 구멍 찾으려고 하는 거죠. 제가 막 이렇게 잘 살아 보려고 이렇게 하는데, 오히려 동생이 더 걱정되는 거예요.

상담사: 동생이 집안에서 본인의 역할이 한참 선을 넘었어, 우선 우울 씨를 대하는 태도부터도 그건 보통 가정에서는 용납이 안 되거든 근데 서열이 바뀌어 버렸어, 서열이 제일 아래야 우울 씨는 그 안에서도 살아남으려고 어쩔 수 없이 그렇지 않으면 살아남을 수가 없거든… 중·고등학교 또는 어렸을 때 밥을 줘야 밥을 먹지, 그러니까 구박을 받으면서도 계속 구박을 받아내면서 살아가는 거야, 나름대로 살아가는 방법을 그 안에서 찾아낸 거지… 엄마는… 감정의 쓰레기통이 필요한 거야, 어떠한 경험이라도 태어나면서부터 지금까지 경험한 모든 일들은 그냥 사라지는 것이 아니고 무의식에 가라앉아 있다가 연상기억, 연상상황에 의하여 의식 위로 올라올 수밖에 없어요. 마

치 회전판 원리에 의하여 경험한 일들은 반드시 재활성화 된다는 거예요. 콩이 발아를 하기 위해서는 수분과 햇볕 그리고 토지가 필요하듯이 미해결과제가 의식 위로 올라오기 위해서는 자극이 필요한 거예요. 예를 들면, 자물쇠와 열쇠 그리고 열린 자물쇠가 있다고 하면, 자물쇠는 취약성, 열쇠는 유발인자, 열린 자물쇠는 증상발현으로 볼 수 있어요. 따라서 우울 씨가 사람들을 깊이 사귀지 못하고, 피해의식이 많고, 우울한 것은 어린 시절 성장과정에 양육자와의 애착형성 결여와 트라우마(trauma)가 많기 때문이에요.

- 하 략 -

표준정신분석에서는 환자에게 억압된 갈등의 성질에 대한 통찰을 갖도록 하는 것이 필요한 정서적인 재조정을 일어나게 하는 가장 효과적인 수단이다(Alexander & French, 1946). 내담자의 핵심감정에 직면시켰으며, 자각과 통찰이 일어나도록 조력하였다.

제 22회기~23회기

인간은 어렸을 때 사용하던 특정한 원시적인 방어기제를 청소년기에도 사용하고 성인이 된 후에도 사용한다. 원시적인 방어기제는 성장과정을 통해 성숙한 방어기제로 발전해 간다. 성인이 될 무렵에 완성된 방어기제가 형성되고 이러한 방어기제는 변화를 거부하는 성향이 있다.

- 전 략 -

내담자: 동생한테 그 얘기도 했어요. 동생은 "엄마는 원래 그런 사람인 걸, 우리 둘 다 알지 않느냐 우리 쪽에서 굽혀야 되지 않겠느냐"라는 얘기를 하는 거예요… 너도 나도 굽혀 본 적 어렸을 때부터 많이 있고, 그러면서도 너는 받아 주는데 나는 안 받아 주는 것도 너는 알고 있지 않느냐 하니까 "그건 알고 있지만 누나가 더 해 보면 안 돼"라고 이제 얘기를 하는 거예요. 저한테 이렇게 그러더라고요. 그래서 난 못하겠으니까 잠깐 떨어져 있겠다. 다시 돌아올 수 있을지 모르겠지만 뭔가 이제 대출 받았던 거나 이런 건, 이런 식으로 정리하면 될 거 같고, 따로 떨어져 지내자 이야기를 했었죠. 그 뒤로 동생도 많이 좋아진 거 같아요. 동생하고 이야기를 안 하고 있었는데…

상담사: 동생하고 또 다른 이야기는

내담자: 동생하고요. 이런저런 이야기를 했는데 술을 많이 먹어 가지고(호호호) 아무튼 뭐, 대화로 이렇게 하나하나 풀어나가는 그런 과정들이 사실은 굳이 필요하지 않았을 수도 있을 거 같아요. 감정을 무너트리는 게 제일 중요했던 것 같더라고요. 적대감 같은 거 서로 오해나 불신 같은 게, 이게 쌓여서 적대시했

던 거를 무너뜨리고 나니까, 솔직히 막 부연설명을 하지 않아도 동생이랑은 뭐, 감정을 풀게 되는 시간이었던 거 같아요. 으르렁 했던 시간이 좀…

상담사: 한 대 쥐어박았어요.

내담자: 아, 말로 좀 쥐어박았죠.(호호)

상담사: 말로 말고 한 대 머리를 꽁 쥐어박지, 감히 어떻게 누나한테 까불고 있어 하면서

내담자: 예(호호호)

상담사: 그래야 속이 풀릴 거 아녜요.

내담자: 말로 막 뭐라 했더니, 저한테도 막 제가 이 새끼야 이렇게 얘기를 하면 "뭐 이 새끼… 이년아." 이러면서 또 저한테 얘기를 하더라고… 어디다 대고 이러면서 서로 막 이렇게 욕을 하게 된 거예요. 그렇게 막 쏟아내고 나니까 동생도 쌓여 있던 게 풀리고 저도 쌓여 있던 게 풀리고, 막 술 마신 다음 기억을 잃어버리고, 다음 날 일어났는데 온몸이 쑤시는 거예요. 기억은 없는데 넘어졌대요.(호호호) 술을 마시고 넘어져 가지고… 아침에 일어나 가지고 왜 이렇게 몸이 쑤시지, 동생이랑 잠깐 싸웠고, 푼 기억은 있는데, 나를 때렸나… 넘어졌는데… 몸이 쑤시냐 했더니 "누나 혼자서 넘어지던데"라고 얘기를 하는 거예요… 정말 너무 많이 마셔 가지고 바로 집 앞에 술집에서 마셨거든요. 동생도 술이 쎄요. 절반은 해소가 된 느낌인데 아직도 되게 공허해요…

상담사: 모두가 다 나를 제일 낮은 사람으로 보고, 뭔가 좀 문제가 좀 있다고 생각하잖아요.

내담자: (작은 목소리로) 있죠… 있죠.

상담사: 동생도 역시 내가 누나임에도 불구하고 함부로 대해 그런데 더 기가 막힌 사실은 우울 씨가 엄마를 위해서 집도 해주면 좋겠고, 동생을 위해서 잘됐으면 계속 이런 생각을 해요. 동생 걱정도 하고 있고… 엄마나 동생은 어떨까? 우울 씨가 생각하는 것만큼 생각을 할까?

내담자: 아니요. 안 하겠죠. 당연한 거라고 생각하겠죠.

상담사: 말 그대로 길이 들어 버렸어, 그러니까 지금 숨이 막혀 지금 이러한 상황에서 벗어나려고 하는 거야

내담자: 예…

상담사: 나오는 과정에서 갈등은 존재할 수밖에 없어

내담자: 예

상담사: 우울 씨가 현재 상황에서 벗어나려고 상담을 받는 것이고, 생각하는 만큼 변하게 될 거예요. 우울 씨의 마음의 문고리는 안에 있어요. 우울 씨가 문을 열고 나올 때 비로소 주변의 도움을 받을 수 있어요.

- 하 략 -

내담자는 동생과의 관계 속에 억압하고 있던 어두운 그림자에 대해 나누었으며, 행동양식과 생활습관을 바꾸고자 노력하는 모습이 나타났다. 심리적·정서적 안정을 위하여 걷기와 명상을 지속적으로 하도록 권하였다.

제 24회기~25회기

정서적인 성장은 인생의 모든 단계와의 동일시를 포함하게 된다. 이는 분리되어 있는 연령집단의 경계에 가교를 놓은 것이다. 삶에 대한 경험의 축적 즉, 점차 늘어나는 과거들과 지속적으로 줄어가는 미래에 대한 경험의 공유는 관계를 달리 느끼게 된다. 이렇게 연결된 삶은 사랑의 저장고가 되고 일상에 존재하는 단절성 앞에 연속성을 부여하는 강력한 힘이 된다(임향빈, 2018).

- 전 략 -

상담사: 우울 씨가 한번 생각해 봐요. 나는 '덕분에'라는 말을 많이 쓰고 사나, '때문에'라는 말을 많이 쓰나, 주변 사람들과 동료들도 유심히 한번 관찰을 해 봐요.

내담자: 주변 사람들은 '덕분에'라는 말을 잘 안 쓰는 거 같아요. '덕분에'라는 말, 회사에서도 '덕분에'라는 말, 참 잘 안 쓰는 거 같

아요. 없는 거 같네요. 그렇기 때문에 이런 얘기를 많이 하고, 마음의 여유가 있어야 상대방 칭찬도 하고, 이렇게 막 이해하는 말도, 이렇게 회사가 각박한 것 같아요. 의도적으로 '때문에'라는 말보다는 '덕분에'라는 말을 더 잘 안 하는 거 같아요. 그냥 뭐 다른 방식을 이렇게 표현을 해서 그런지 모르겠는데,

- 중 략 -

상담사: 생각과 고민의 차이가 뭔지 알아요.

내담자: 글쎄요. 머리로는 알겠는데 막상 이야기하려니까 잘 안 나오네요.

상담사: 생각은 대안을 끌어내는 것이고, 고민은 이미 지난 일에 대한 근심과 걱정, 다가오지도 않은 미래에 대한 근심과 걱정을 하고 있는 거예요. 그러다 보니 과거와 미래에 대한 근심과 걱정으로 인하여 현재도 고민에 쌓여 있는 거예요… 행복한 것을 느낄 마음이 없다는 거예요. 따라서 고민은 하지 말고 생각을 하며 살아요… 어떤 길이 나한테 가장 좋은 길인지, 한번 생각을 해보세요. 고민을 하지 말고 생각을 하는 거예요.

내담자: 예, 대안을 찾을게요.

상담사: 2년 전에 내가 아마 비슷한 이야기를 했을 거예요. 그런데 여전히 지금 그 상황이에요.

내담자: 특히, 이중구속이라는 게 제가 엄마한테 받았던 일이잖아요. 그거를 제가 연애할 때 쓰는 부분이 있는 거 같더라고요. 그래서 상대방이 힘들어했던 일들이 생각이 났어요. 제 마음에서는 와줬으면 좋겠는데, 말로는 가라고 하고 이런 일들이 있는 거 같아요. 저도 그 말을 좀 잘 새겨 가지고 안 쓰려고 하고는 있는데, 엄마 주변에서 계속 같이 살다보면, 엄마에게 그 그늘이 저한테 스며드는 것 같아서 제가 빨리 그늘에서 벗어나야겠다고 하는 생각은 하는데, 이러면서도 그런 게 생각이 나요. 제가 결혼을 한다고 하면 제 곁에 이제 부모가 이제 함께 해야 되잖아요. 신랑, 신부 가족 양가 부모님들이 같이 이렇게 계시는데 그때에 아무도 없을 것 같은 그런 생각을 하게 됐었어요. 제가 엄마를 떠나는 조건으로 엄마는 저랑 인연을 다 끊으실 생각을 자꾸 하시는 거예요. 말씀을… 그렇게 됐을 때는 사실 지금도 아빠가 안 계셔서 온전한 가정은 아니지만, 엄마까지 안 계셔 버리면 과연 저는 어떻게 비춰질까라는 그런 생각으로 자꾸 연계가 됐었던 거 같아요. 그래서 아예 남남이 돼 버릴 것은 선택하느냐 아니면 이렇게라도 같이 갈 것이냐 두 가지 경우로 생각을 했었는데요.(크게 웃는다. 호호호) 두 가지 경우로 생각을 했었던 것 같아요. 지금도 남남처럼 이렇게 대하시는데 떨어진다고 해서 그게 달라질 것 같지는 않고, 저도 이제 혼자 살 수 있는 힘이 되니, 제 결심은 그럼에도 불구하고 이제 혼자 살 수 있다로 고쳐졌는데, 제가 벗어

나지 못했던 그 어린 시절에는 결혼을 항상 염두에 두면서 계속 끌어 왔던 거 같아요. 부모님의 자리가 비어 있네, 그걸 너무 걱정을 했어요. 저도 딱 삼십이 되니깐 시간이 이렇게 빨리, 빨리도 흐르는데, 제 마음속에서 생각하고 있는 그 도리 지키자고, 제가 행복할 수 있는 그 여유롭게 보낼 수 있는 시간들을, 숨 막히게 보내는 거 같아서 이제는 그러지 말아야겠다는 생각을 하거든요.

상담사: 스스로 굴레를 만들어서 스스로 괴롭히고 있어요. 이런저런 이유를 다 갔다 대면서 합리화시키면서… 엄마가 딸을 걱정해야지, 딸이 엄마를 걱정

내담자: (호호호) 아, 누가… 누가 그 얘기를 했는데, 딸과 엄마가 바뀐 거 같아요. 이렇게 친구들이…

- 중 략 -

내담자: 지난번에 못 다한 이야기도 있고 동생이랑 툭 터놓고 이야기를 해보고 싶어가지고 술 한 잔을 하자 해 가지고 속 깊은 이야기를 다 털어냈어요. 동생이 그러더라고요. 누나가 그렇게 생각하는 줄 몰랐다… 엄마가 나한테 하는 것처럼 너도 하대를 하고, 너는 안 그럴 줄 알았는데 너는 왜 그랬냐 이런 이야기를 하면서, 나는 너무 속상하고 같이 있는 것도 너무 숨이 막히고 힘들어서 떨어져서 잠깐 지내보고 싶다. 나도 밥 좀 마음대

로 먹어보고 싶고, 그래서 이사를 가겠다고 이야기했더니 그 이야기가 엄마를 버리겠다고 이해를 한 거예요. 내가 어떻게 나를 낳아주신 부모님을 버리겠냐 그런 뜻이 아니라 떨어져서 지내보면 각자의 환경도 좋아지지 않겠냐, 이런 이야기를 했어요. 그러던 중에 회사에서 이제 갑자기 어학연수자로 선정이 되어 가지고 미국에 가게 되었어요. 그래서 이제 영어공부를 시작하고 있고 3개월 동안… 이사를 하려고 한 시점이 10월 정도였는데 때마침 미국에 가라고 통지가 내려와서 미국에 가게 됐어요. 그래서 잠깐 떨어져 살게 되었네요. 동생한테 그렇게 이야기 하고나서 동생이 미국에 가는 것도 축하해주고, 이사 안 가는 건 참 다행이라며 잠깐 마음을 놓더라고요.

- 하 략 -

내담자는 현실을 직시하였으며, 생활에 변화가 나타나기 시작하였다. 동생과 못 다한 이야기를 나누었으며, 전경에서 배경을 살펴보게 되었다. 내담자의 긍정적 변화를 위하여 자아기능을 강화시키고, 현실적이고 수용적인 태도를 갖도록 조력하였다.

제 26회기~27회기

다음 회기가 종결회기라고 이야기하였다. 내담자는 자신의 미해결과제, 트라우

마, 어두운 그림자 등 자신의 취약한 부분이나 욕구에 대해 이야기하며, 회기가 지 날수록 점차 상담사에게 의존하게 되고, 때로는 전이도 일어나게 된다. 내담자는 종 결이 다가올수록 상담사와의 이별과 분리에 대한 정서적 경험을 하게 된다. 따라서 종결기에는 정서적 분리를 할 수 있는 애도기간을 가져야 한다. 이와 함께 명료화, 지지, 격려 등을 통해 중심문제를 다루고 변화과정 등 전체 상담과정을 나누어야 한다.

- 전 략 -

내담자: 회사에서요. 이야기를 했어요… 어떤 순서대로 이제 진행이 되고 있고, 일 잘하고 있고, 며칠까지 완료가 됩니다. 내부적 으론 이렇게 확정이 됐습니다. 그리고 제가 요즘 들어서 일을 맡고 나서 너무 스트레스가 심해져 가지고 제가 벌인 상황도 아닌데, 누군가 그 일이라고 이제 딱 던지는 순간 제가 스트레 스를 받아 가지고 위가 너무 아팠다고, 갑자기 위가 이렇게 수축되는 증상이 나타나서 병원에 알아보러 갔고, 이런 상태 입니다. 그러니 좀 양해를 해 주시고… 그래서 막 스트레스 받아서, 그렇게 하지 말라고 얘기를 던져 보니까, "그렇게까지 고생하고 있는 줄은 몰랐다고, 뭐 일이 힘든 거는 알았지만 마음으로 괴로운 상태인 줄 몰랐다."고 하면서, 이제 그 얘기 할 때 조심스럽게 말을 하시더라고요… 사람이 얘기를 안 하 면 모른다는 것을 다시 한 번 알게 되었고, 일도 마무리돼 가

고 있고, 불안도 많이 없어지고, 남들이 이야기해도 예전처럼 필요 이상으로 신경을 안 쓰게 되고요. 동생이랑 잘됐고, 친구들하고도 되게 잘 지내고 있고, 자기 계산할 확실한 기회도 생겼고…

상담사: 정말 대단하네요. 회사에서 인정받고 그리고 해외연수까지 3개월간 월급 받으면서 가잖아요.

내담자: 맞아요.

상담사: 남들은 돈을 주고 일부러 가서 미국에 가서 배우는데, 직장 내에서 인정을 받는 것은 아무나 그렇게 되는 것은 아니에요. 그 이면에는 얼마나 많은 노력이 깔려 있을까 그 생각이 들어요.

내담자: 감사해요. 미국에 가는 과정에서도 되게 말이 많았어요. 모든 사람들이 다 저를 사랑해 줄 순 없잖아요. 공개적으로 아직 발표는 안 났거든요. 미국에서 확정되어 가지고, 저한테 알려줘서 그때부터 공부하고 있는데 그러고서 이제 두 담당자가 있는데, 한 담당자가 본 담당자이고 덤으로 담당하고 있던 분이 위원회에 들어가서 결정을 해 가지고… 본 담당자가 돌아와서 둘이서 얘기 하는 걸 들었는데 "우울이가 됐다고… 다른, 다른 친구는 없었어"라고, 이제 얘기를 하는 걸 이제 잠깐 들은 거예요. 내가 좀 부족했나 그런 생각이 드는 거예요. 저 나름대로 귀를 쫑긋하면서 듣고 있잖아요. 왜, 다른 영업부에는 다른 직원들 없데, 이러면서 축하하는 의미보다는 자꾸 다른 친구는 없었나 하는 그런 얘기를 하시니까, 일반적으로는

그렇게 생각할 수 있겠구나라고 생각을 했죠. 제가 또 너무 어린 나이에 이렇게 어학연수자로 결정이 된 게 처음인 거예요. 그래서 로비에서 얘기를 그렇게 하시는 걸 듣고, 조금 속상하기도 했는데 그래도 뭐라 하시든지, 그냥 툭 하고 털고 공부 열심히 하고 있어요. 좋은 기회가 생겼는데 이거를 엄마한테 자랑을 못 해 가지고 제가 그것도 안타깝고 그러네요. 가족들은 외가건, 친가건 엄청 축하해 주면서 나도 미국 한번 가면 놀러가도 돼, 이런 이야기도 하면서…

상담사: 엄마하고 관계 속에서 항상 헤매고 있고

내담자: 예, 떨어지려고 하니까, 이제 미국에… 10월 달에 이사를 갈려고 이제 집을 알아봤거든요. 아, 이제 지금부터는 혼자 살 수도 있겠다. 밥도 잘 챙겨 먹어야지, 계획을 했는데… 갑자기… 갑자기 미국이 결정이 나 가지고 이사 가는 게 미루어졌죠. 내년에는 어떻게 될지 모르지만 그렇습니다.

- 하 략 -

종결회기로서 상담 받기 전과 상담 후 변화된 모습을 살펴보고, 지지와 격려를 하며 종결했다. 내담자는 지난 상담 이후 삶의 과정을 살펴보고 심리적·정신적 안정과 어머니와의 관계 등 변화된 사항에 대해 나누었다. 상담 횟수가 지나면서 자각과 통찰을 통하여 자신이 가지고 있는 문제들에 대한 대안을 찾아내기 시작하였다. 또한 상담을 받을 때에는 몰랐었는데, 상담 후 느낀 점이 많았다고 하였다.

내담자는 대인관계의 어려움과 피해의식, 낮은 자존감, 이로 인해 현재 생활에 만족하지 못하고, 스스로 만든 고통의 틀 안에 자아를 가두고 힘들어하고 있었다. 상담 후 자아존중감이 높아졌으며, 타인을 배려하게 되었다. 어머니로부터 심리적 독립을 하게 되었으며, 삶의 질이 높아졌다. 그러나 무의식 속에 내재하고 있는 어머니의 부정적 이미지는 여전히 자리 잡고 있으며, 의식으로 올라와 괴롭히고 있다고 하였다. 필자는 단기간에 증상이 개선되기는 어렵지만 지속적으로 노력을 하면 좋아질 것이라고 하였다.

지난 회기에 과제를 내주었다. '나는 누구인가, 왜 사느냐고 묻는다면, 행복이란' 내담자는 과제에 대해 많은 생각을 하였으며, 자신을 되돌아보게 하는 시간이 되었다고 하였다. 내담자는 역기능적인 개인내적 역동에 대한 자각과 통찰을 통하여 자아기능을 강화하였다. 또한 현실적이고 수용적인 태도를 배양하였으며, 직장 내에서 자유롭게 일하고, 매달림이 없는 사랑을 할 수 있게 되었다. 이와 함께 긍정적 변화와 삶의 질이 높아지게 되었다.

V. 상담에 대한 평가

1. 상담의 효과

내담자는 성장과정에서 양육자와의 애착형성결여, 트라우마를 경험하였다. 성인이 된 후 피해의식과 불안한 감정이 수시로 올라오고, 이로 인하여 대인관계에 어려움이 많았다. 어머니로부터 심리적으로 독립하고자 노력을 하고 있으나 벗어나지 못하고 있다. 내담자는 상담 후 자각과 통찰을 통하여 현실을 직시하고 문제해결을 위해 대안을 찾기 시작하였으며, 어머니로부터 심리적 독립을 하기 시작하였다. 또한 자신과 주변을 돌아보는 여유를 갖게 되었다.

2. 내담자의 상담효과

미성숙한 대인관계와 피해의식, 불안, 낮은 자존감 등으로 삶의 질이 낮아졌다. 또한 어머니와의 갈등에서 벗어나고자 하였다. 상담 후 피해의식과 불안이 많이 없어졌으며, 자아존중감이 높아졌다. 의사소통의 중요성과 이야기를 안 하면 상대방이 나의 생각을 모른다는 것을 알게 되었다. 예전처럼 타인의 이야기에 필요 이상으로 신경을 안 쓰게 되었다. 대인관계도 좋아졌으며, 관계 속에 나의 의사를 합리적으로 주장을 할 수 있게 되었다. 어머니로부터 심리적 독립을 할 수 있게 되었으며, 현실을 직시하고 전경에서 벗어나 배경을 살펴보는 삶의 여유를 찾게 되었다.

3. 상담사의 자기 평가

필자가 창안한 관계형성이론을 중심으로 다양한 기법을 활용하여 내담자의 긍정적 변화와 치유를 위하여 상담에 임하였다. 27회 상담 회기를 구조화시켜, 회기별 목표를 가지고 접근하였다. 내담자의 자아기능을 강화시키고, 현실적이고 수용적인 태도를 갖도록 하였다. 또한 불안해소와 마음의 치유 그리고 어머니로부터 심리적 독립에 상담의 초점을 맞추었다.

초기에는 우호적 상담관계형성과 탐색을 하였으며, 중기에는 직면과 둔감화를 통하여 자각과 통찰을 유도하였다. 종결기에는 애도기간과 긍정적 변화의 과정에 대하여 논하였으며, 내담자의 상담욕구를 충족시켜 주었다. 상담 후 내담자는 불안정한 마음을 안정시키고 대인관계를 정립하였으며, 어머니로부터 심리적 독립을 하게 되었다. 또한 생활 습관이 바뀌었고, 삶의 질이 향상되었다.

4. 함께 생각해 볼 과제

내담자는 어머니와의 애착형성 결여, 트라우마, 학대 속에 성장하였으며, 가정에서 받아야 할 기본적 인성교육 등을 받지 못하였다. 또한 어린 시절 어머니의 자살시도, 아버지의 사망 등 감당하기 어려운 경험을 하였다. 무의식 속에 부정적인 대상표상이 자리 잡아 성인이 된 후에도 지속적으로 부정적 영향을 미치고 있다. 대상표상으로부터 분리를 원하지만 분리되지 못하고 갈등관계로 표출되고 있다.

내담자는 누군가 자신에게 따듯하게 대해주면, 아이가 부모에게 매달리듯 그 사람을 의지하게 되었으며, 많은 사람들이 다가오고 떠났다. 그들이 내담자의 의사와 관계없이 떠나게 될 때, 매달리게 되었으며, 분리불안과 격리불안을 느끼게 되었다. 이러한 경험은 무의식에 고착화되어 미해결과제로 남아 있으며, 연상기억(연상상황)에 의하여 의식 위로 올라와 삶의 질을 낮게 하는 요인이 되었다. 내담자는 관계 속에서 누군가 말을 끊거나 아니라고 하면, 무시 받는 느낌과 주눅이 들게 되며 표정에 나타나 관계가 어려워진다. 대인관계의 어려움과 피해의식, 낮은 자존감, 이로 인해 현재 생활에 만족하지 못하고, 스스로 만든 고통의 틀 안에 자아를 가두고 힘들어하고 있었다.

필자는 상담 과정 중 지지와 격려, 공감 등을 통하여 라포 형성을 하였으며, 과거탐색을 하였다. 내담자의 말속에서 말을 찾고, 질문을 하였으며, 내담자가 질문의 의도를 인지하지 못하였을 때 같은 질문을 반복하여 사고의 전환을 이끌어 내고자 하였다. 상담 과정에서 편견에 치우

치지 않으려고 노력하였으며, 내담자 중심의 상담을 하였으며 긍정적 변화를 이끌어 냈다. 따라서 필자가 창안한 관계형성이론이 상담사와 심리상담을 배우고자 하는 후학들에게 도움이 되기를 바라며, 우리나라의 심리상담 발전에 이바지하였으면 좋겠다.

참고문헌

권육상 (2003).『정신건강론』. 서울: 유풍출판사.

권육상 (2006).『인간행동과 사회환경』. 서울: 유풍출판사.

권해수 (2009).『상담의 구조화 및 개념화』. 서울: 한국양성평등교육진흥원.

김동배·권중돈 (2000).『인간행동이론과 사회복지실천』. 서울: 학지사.

김영혜·이혜성 (2002). 상담과정에서 내담자의 자각과 통찰에 영향을 주는 상
　　　담자의 언어반응들. 상담학연구, 3(1), 235-254.

김유숙 (2005).『가족치료 이론과 실제』. 서울: 학지사.

김은정·김진숙 (2020). 아동기 정서적 외상경험과 성인기 정신병리 및 대인관계
　　　문제의 관계에서 정서조절곤란의 매개효과: 정서적 학대와 정서적 방임
　　　의 차별적 경로를 중심으로. 상담학연구, 21(3), 23-44.

김춘경·이수연·이윤주·정종진·최웅용 (2016).『상담학사전』. 서울: 학지사.

김춘경·이수연·최웅용 (2010).『청소년상담』. 서울: 학지사.

김혜정 (2007). C.G.융의 분석심리학과 아니마/아니무스: 꿈 해석 이론을 중심
　　　으로 협성대학교 신학대학원석사학위논문.

김환·이장호 (2009).『상담면접의 기초』. 서울: 학지사.

김환·한수미 (2017). 아동기 외상 경험과 공감의 관계에서 애착의 매개효과 분
　　　석. 상담학연구, 18(6). 363-386.

노안영·송현종. (2007).『상담의 원리와 기술』. 서울: 학지사.

박권생 (2005). 창의력과 통찰문제 해결능력. 사고개발, 1(1), 23-40.

박순환 (2005). 다면 페르소나와 정신건강과의 관계. 부산대학교 대학원박사학

위논문.

박윤정 (2018). 직면 경험에 대한 현상학적 연구: 직면기술의 조건적인 활용 방안의 제안. Journal of Counseling and Gospel. 복음과 상담, 26(1), 93-126.

박정민 (2006). 상담자의 회기내 자기자각이 상담과정에 미치는 영향. 이화여자대학교 대학원박사학위논문.

오윤선 (2008). 청소년의 인터넷 게임 중독이 우울, 공격성 자아존중감에 미치는 영향. 청소년 시설환경, 6(4), 3-15.

이남옥·문용갑·김지혜 (2016). 체계론적 상담: 가계도분석과 가족세우기를 중심으로. 상담학연구: 사례 및 실제, 1(1), 39-56.

이민규·원호택·박현순·김은정·조용래·권석만·신현균·이훈진·이영호·송종용·신민섭 (2003).『심리장애의 인지행동적 접근』. 서울: 교육과학사.

이부영 (2011).『분석심리학: CG 융의 인간심성론』. 서울: 일조각.

이예겸 (2018). 유아기 자녀를 둔 어머니의 페르소나 및 그림자 인식 유형 척도의 개발 및 타당화. 중앙대학교 대학원박사학위논문.

이장호·정남운·조성호 (2008).『상담심리학의 기초』. 서울: 학지사.

이정은 (2005).『사람은 왜 인정받고 싶어하나』. 서울: 살림출판사.

이한욱·반신환·조윤옥 (2017). 자기자각에 의한 분노정서 변화과정 연구: 대화분석을 중심으로. 상담학연구, 18(6), 543-558.

임종렬 (2000).『관계적 사유』. 서울: 한국가족복지연구소.

임종렬 (2001).『대상중심이론 가족상담』. 서울: 한국가족복지연구소.

임종렬 (2002).『모신』. 서울: 한국가족복지연구소.

임종렬·김순천 (2001).『대상중심 경계선 가족치료』. 서울: 한국가족복지연구소.

임향빈 (2014).『심리상담의 이해와 대상중심 가족치료의 실제』. 서울: 북랩.

임향빈 (2018).『단기상담의 이해와 실제』. 서울: 북랩.

임향빈 (2020). 단기 협의이혼상담 모형 개발. 서울불교대학원대학교 박사학위 논문.

전요섭 (2020). 효과적인 기독교상담기법. 서울: 기독교문서선교회.

조은정·이기학 (2004). 아동기의 정서적 학대 경험이 대인관계 문제해결능력에 미치는 영향 -자기효능감과 통제소재를 매개변인으로-. 상담학연구, 5(3), 583-595.

조정자 (2010). 그림자 인식 유형 척도의 개발과 타당화. 충북대학교 대학원박사학위논문.

최연실·정영순 (2006). 가계도 작성에서의 신뢰도: 가족치료 전공 대학원생들을 대상으로. 상담학연구, 7(3), 917-931.

최왕규 (2014). 명리학의 심리학적 위상에 관한 연구 : 프로이트·융·아들러의 心理學을 中心으로. 공주대학교 대학원박사학위논문.

Alexander, F. & French, T. M. 1946. 『Psychoanalytic Therapy: Principles and application』. New York: Ronald Press.

American Psychiatric Association. 2020. 『정신질환의 진단 및 통계편람 제5판』. 권준수 외 역(2013). 서울: 학지사.

Bandelow, Borwin. (2014).『정신과 의사가 들려주는 마음의 병 23가지』. 김태희 역(2010). 서울: 교양인.

Beck, Judith S. (2007).『인지치료 이론과 실제』. 최영희·이정흠 공역(1995). 서울: 하나의학사.

Cavanagh, M. E. (1982).『The Counseling experience. Monterey』. CA: Brooks/ Cole.

Cormier, W. H., & Cormier, L. S. (1991).『Interviewing strategies for helpers (3rd ed.)』. Pacific Grove, CA: Brooks/Cole.

Elliott, R. Watson, J. Goldman, R. & Greenberg, L. (2005).『Learning

Emotion-Focused Therapy』. Washington, DC: American Psychological Association.

Fries, M., & Woof, P. (1971). 『The influence of constitutional complex on developmental phases, in Separation-Individuation, ed』. J. McDevitt and C. Settlege. New York: International Universities Press.

Garfield, S. L. 1998. 『단기심리치료』. 권석만·김정욱·문형춘·신희천 역(2006). 서울: 학지사.

Rosen, S., & Tesser, A. (1970). On the resuctance to communicate undesirable information: The MUM effect. Sociometry, 33, 253 -263.

Saul, L. (1971). 『Emotional Maturity, Third Edition』. Philadelphia: Lippincott.

Saul, L. (1972). 『Basis of Human Behavior』. Westport, Conn.: Greenwood Press.

Saul, L. (1992). 『정신역동적 정신치료』. 이근후·최종진·박영숙 역(1972). 서울: 하나의학사

Saul, L. (1999). 『아동기 감정양식』. 이근후·박영숙·문홍세 역(1977). 서울: 하나의학사.

Stein, M. (1998). 『Jung's Map of the Soul: An Introduction』. Chicago: Open Court Press.

Stoppard, M. (1998). 『부부가 함께 배우는 성』. 홍강의 역(1991). 서울: 다섯수레.

Watkins, C. E., Jr. (1990). The effects of counselor self-disclosure: A research review. Counseling Psychologist, 18, 477-500.

Wright JH, Basco MR, Thase ME. (2009). 『인지행동치료』. 김정민 역(2006). 서울: 학지사.

찾아보기

인 명

내 용